SCHWEIN

WOLFGANG MÜLLER

SCHWEIN

Das große Kochbuch

Texte Peter Wagner
Fotografie Florian Bolk

UMSCHAU

MAN MUSS KEIN SCHWEIN SEIN AUF DIESER WELT,
WENN MAN EINS ESSEN WILL.

H-Blockx-Frontmann

Was soll man schreiben, wenn es um das Vorwort eines Buches geht, das das Schwein würdigt? Also kulinarisch. Das kann mir zum Glück egal sein, denn der Autor dieses Buches hat mir freie Wortwahl garantiert, solange ich es ehrlich meine.

Und genau da schließt sich der Kreis. Denn das habe ich – glaube ich zumindest – mit Wolfgang Müller, dem Schwein ... Entschuldigung, ich meine natürlich mit Wolfgang Müller, diesem Buch und dem Schwein an sich gemeinsam! Wir erheben den Anspruch auf bedingungslose Ehrlichkeit. Wer schon mal in den Genuss von Wolfgangs Metzelsuppe gekommen ist, der weiß, dass dieser Koch und Künstler alles, was er tut, mit ehrlicher Leidenschaft macht!

Wer sonst wäre in Zeiten von Pangasius und Kobe-Rind, veganer Küche und Makrobiotik sowie Molekular- und Nouvelle Cuisine auf die Idee gekommen, ein Kochbuch über das Schwein zu machen? Rischtisch. Keiner. Außer Wolfgang. Und ihm sind Trends und Strömungen egal. Und ich meine nicht so modisch „egal". Moden interessieren ihn nicht, weil er selbst lieber seine eigenen Trends setzt. Denn er hat eine Meinung. Und zwar ebenfalls eine eigene.

Köche sind ja im Allgemeinen nicht dafür bekannt, dass sie zimperlich sind. In der Küche herrscht nun mal ein Sauton! Und auch hier hat Wolfgang Müller seinen eigenen Stil entwickelt. Dieser Stil ist geprägt von der Musik, die er liebt, dem Klavier, das er verehrt – und wenn er alleine ist auch sinnlich zu bedienen weiß. Darüber hinaus von den Schweinen, die ihn umgeben, und den Schweinen, die er mag.

Ich bilde mir ein, zu diesem Kosmos dazuzugehören. Und das macht mich stolz!!!

Wolfgang, Dir und Helen vielen Dank für so Vieles und mehr.

Dein Schwein Henning Wehland

FINGERSPITZENGEFÜHL, HERZBLUT UND RESPEKT

SO KOCHT WOLFGANG MÜLLER

Schweinefleisch ist das meistgekaufte und zubereitete Fleisch in Deutschland – vor allem als Kotelett, Schnitzel oder Filet. Dabei hat der Deutschen Liebling so viel mehr zu bieten.

Die Erkenntnis, dass das übliche Mastschwein aus der Massentierhaltung nicht vergleichbar ist mit der Qualität eines quietschfidelen Freilandschweins, setzt sich langsam durch.

Wolfgang Müller wusste das schon immer: Seit über 20 Jahren zelebriert er die hohe Kunst der feinen deutschen Küche. Mit Tieren aus artgerechter Haltung und ebensolcher Fütterung. Moderne Rezepte auf Sterneniveau, traditionelle Schätze und bodenständige Klassiker – mit handwerklichem Können, dem richtigen Instinkt für den Umgang mit Lebensmitteln und dem nötigen Fingerspitzengefühl bringt Müller absolute Geschmackserlebnisse vom Kopf bis zum Schwanz des Schweins auf den Teller.

Diese fein abgestimmten Gerichte nachzukochen oder angeregt durch die herrlichen Zutaten abzuwandeln: Das ist ein Muss für alle Fleischesser!

Ich kann meinem geschätzten Kollegen nur größten Respekt und höchste Anerkennung für dieses Buch aussprechen!

Herzlichst

Ihr Dieter Müller

3-Sterne-Koch

INHALTSVERZEICHNIS

WOLFGANG MÜLLER

In dem Mahlstrom der Starköche, Küchen-Superstars, TV-Köche, Kocharenen, Küchenschlachten, Sterneköche und Promi-Dinner kann einem ganz schön schwindelig werden. Dagegen hilft ein kleiner Spaziergang – oder ein Gespräch mit Wolfgang Müller: „Der Kochberuf ist Handwerk. Der eigentliche Künstler ist die Natur, ihre Farben, Formen und Strukturen. Ich sehe mich als jemand, der die Kunst der Natur durch sein Handwerk dem Gast näher bringt."

Kokettiert da einer, der es in diesem Modeberuf längst bis nach ganz oben gebracht hat, mit seiner Könnerschaft? Mitnichten. Der Allgäuer war schon vor 30 Jahren ruhiger, besonnener und überlegter als alles Promikochgeschnatter unserer Tage zusammen. Mehrfach erkochte Michelin-Sterne und Gault-Millau-Mützen, Prix Culinaire de Taittinger, Five Star Diamond Award – Auszeichnungen über Auszeichnungen, die bei vielen Köchen die Nase gen Himmel schnellen lassen. Es ist nicht so, dass Müller auf das, was er in seinem erfolgreichen Leben als Koch, Küchenchef, Star-Verköstiger oder Berliner Restaurantinhaber erreicht hat, nicht stolz sein darf. Doch einer wie er freut sich insgeheim fast noch mehr, mit seinem Freund und Kollegen Ralf Zacherl Weltmeister geworden zu sein. Genauer gesagt „Geflügelweltmeister", 2004 bei der Grillweltmeisterschaft.

Diese Ruhe, Bescheidenheit und intime Nähe zum Produkt zieht sich als Leitfaden durch Müllers Berufsleben, das – keine Überraschung – 1979 mit einer Metzgerlehre begann. Viele spätere Sterneköche haben zunächst in Metzgereien oder Schlachtbetrieben den Umgang mit Fleisch gelernt. Vinzent Klink, Christian Mittermeier, Stefan Marquard oder Harald Derfuß sind da nur ein paar Beispiele.

Anschließend, bei der Kochlehre im Hotel Buchhorner Hof in Friedrichshafen, wie auch bei weiteren Einsätzen in Zürich, Schopfheim oder seinem Meisterschulenabschluss in Heidelberg, hatte Müller noch genug Zeit, auch die Höhen der Kochkunst zu erforschen, die feinen Unterschiede zu lernen zwischen Demiglace und Deglacieren.

Später als Küchenchef im Restaurant Imperial (Schlosshotel Bühlerhöhe), wie auch nach dem Umzug in die Hauptstadt mit seinem eigenen Restaurant Adermann, kochte er sich in den Sternenhimmel. Seine Beine aber blieben immer auf dem Boden, seine Teller waren stets pure (nicht puristische), konzentrierte, sich selbst erklärende Hochgenüsse. Dafür schätzen ihn nicht nur seine Gäste: Der TV-Koch Mario Kotaska zum Beispiel war noch Hotelfachmann-Azubi im Schlosshotel Bühlerhöhe, als ihm Müller erlaubte, „sich während seines Urlaubs ein wenig in der Küche nützlich zu machen". Später wurde Kotaska selbst Koch, unter Müllers Ägide, als erster und einziger Kochazubi, der jemals im damaligen Imperial lernen durfte. Heute in Berlin ist Kotaska einer von Müllers Stammkunden, nicht ohne Grund. „Wegen seiner genialen Kochkunst und seinen Fähigkeiten", schwärmt Kotaska. „Menschlich ist er still und als Koch genauso."

Denn wenn bei Müller etwas laut wird, ist es nie er selbst. Lärm kommt allenfalls aus seinem Motorradauspuff („früher fuhr ich einen Rennhobel, heute ein Custom-Bike, was Gemütlicheres"). Oder seine Küchenanlage: Andere feiern Auszeichnungen von Restaurantführern mit Champagner und Bussi-Bussi. Müller schob, als er gerade für sein Berliner Restaurant Adermann einen Stern bekommen hatte, eine Marilyn-Manson-CD in den Player und dröhnte die Küche mit seinen zwei Riesenboxen voll.

Nur logisch, dass der ganze Sternstaub ihm eines Tages zu viel Geglitzer wurde. Ein Gast hatte ihn gefragt: „Müller, Sie sind doch Sternekoch, wo sind denn die Tischdecken?" Da dachte er sich: „Ich war 18 Jahre in der Sternegastronomie. Es ist Zeit, mich von der Oberflächlichkeit zu verabschieden." Sprach's und machte mitten im unglamourösen Kreuzberg das Horvath auf, wo er endlich wieder vernünftig kochen und sogar Schlachtfeste (siehe Seite 34) mit dem Fleisch seiner eigenen Schweine veranstalten konnte. Denn wenn sich jemand in Deutschlands Spitzengastronomie mit Schweinen auskennt, dann er.

Und die sind nicht trendy bio, sondern viel besser. Überhaupt kommt Müller die stärkere Wahrnehmung von Nahrungsqualität aber sehr gelegen, „weil ich bei meinen Produkten schon immer gerne wusste, woher sie kommen. Selbst in der Stadt wachsen viele einheimische Kräuter, die man durchaus essen kann. Vielleicht kann man damit den Leuten auch ein bisschen Naturverbundenheit näher bringen."

Die Stadt wird Müller das danken. Seit Sommer 2009 gönnt er sich eine kleine kreative Auszeit, holt sich bei Reisen neue Anregungen aus fremden Töpfen, um anschließend wieder gastronomisch durchzustarten. Wo und wann auch immer – es wird derselbe Müller sein wie die Jahrzehnte zuvor: volle Pulle, auf höchstem Niveau bodenständig und mit der unbändigen Kraft, die nur der verspüren kann, der so tief in sich ruht wie ein Wolfgang Müller.

SCHWEINERASSEN

ANGLER SATTELSCHWEIN

DEUTSCHLAND

Rasseninfo

Sattelschweine sind die bunten Hunde unter den Schweinen: vorne und hinten von dunkler Färbung, dazwischen liegt um Bauch und Rücken ein breiter, weißer oder zumindest deutlich hellerer Streifen – der „Sattel".
Die Angler Sattelschweine werden seit den 1920er-Jahren im schleswig-holsteinischen Gebiet Angeln gezüchtet, erst 1941 wurden sie als Rasse anerkannt. Dieser Landstrich zwischen Eckernförde, der Schlei und Flensburg ist seit Jahrhunderten bekannt für die erfolgreiche Viehzucht von Nutztieren wie dem Sattelschwein oder dem Angler Rind.
Das Angler Sattelschwein wächst zu stattlicher Größe aus und wurde nicht zuletzt deshalb in Europa (im Osten bis nach Tschechien und Ungarn) und in Südamerika vor allem für die Wurstherstellung geschätzt.
Doch auch diese Rasse überlebte den Trend zu den „Turboschweinen" in den 1970er-Jahren nur knapp. Wurden 1936 noch rund 52.000 Sattelschweine in der Region Angeln gehalten, gab es 1991 in ganz Schleswig-Holstein nur noch neun Sauen und einen Eber. Die „Gesellschaft zur Erhaltung alter und gefährdeter Haustierrassen" ernannte es zur „Gefährdeten Nutztierrasse des Jahres 1990". Erst 1996 wurde in Angeln schließlich der „Förderverein Angler Sattelschwein" gegründet. Heute liegt der Bestand bei rund 230 Sauen und zwölf Ebern.

Das Angler Sattelschwein erfährt in den letzten Jahren bei Biobetrieben vor allem durch seine Tauglichkeit zur Freilandhaltung eine Renaissance. Als guter Futterverwerter eignet es sich hervorragend für ökologisch wirtschaftende Betriebe mit Hütten- und Weidehaltung.

Charakter

Gutmütig, anspruchslos und stressbeständig. Die Muttertiere sind sehr fürsorglich – was angesichts des vergleichsweise geringen Geburtsgewichtes der Ferkel auch lebenswichtig ist.

Verwandtschaft

Die Urahnen waren einfache, bunte Landschweine, die im Angeln-Gebiet dann mit britischen Saddleback-Rassen aus Wessex gekreuzt wurden. 1926 brachte der Süderbraruper Landwirt Julius Carstensen aus England eine tragende Sattelschweine-Sau mit: ein hoffnungsvoller Startschuss in die Zucht einer neuen Rasse.

Verwendung in der Küche

Angler Sattelschweine sind mit ihrem durchschnittlichen Muskelfleischanteil von nur 52,7 Prozent relativ fett, allerdings punkten sie in der Küche durch gleichmäßige Marmorierung und ein weißes, sehr festes und außerordentlich schmackhaftes sichtbares Fett.

Maximales Gewicht: 300–350 kg
Schlachtalter: 7–9 Monate
Schlachtgewicht: 110–130 kg
Ferkel pro Wurf: 8–10

Sattelschwein-Zuchtsau „Nana" lebt im Freilandmuseum Domäne Dahlem in Berlin.

BUNTES BENTHEIMER
DEUTSCHLAND

Rasseninfo
Mitte des 19. Jahrhunderts entstand in den norddeutschen Gegenden um Cloppenburg, im Emsland, dem westfälischen Wettringen und der Grafschaft Bentheim das Bunte Bentheimer Schwein – benannt nach seinen unregelmäßigen schwarzen Flecken auf weißer oder hellgrauer Haut.
Ähnlich wie das Angler Sattelschwein oder das Schwäbisch-Hällische gehört auch das Bunte Bentheimer weder zu den Vater- noch zu den Mutterrassen – sie zeigen also hohe Aufzuchtleistung (Mutterrasse) und ausgeprägte Muskelpartien (Vaterrasse) zugleich.
Die Schweinezucht lag vor 1930 vor allem in den Händen der Bäuerinnen, die rasch eine Vorliebe für die schönen, bunten Farben der Ferkel entwickelten. Die hohe Widerstandsfähigkeit gegen Witterungseinflüsse und der Umstand, dass sich diese schwarzbunten Schweine besonders wirtschaftlich mit Küchenabfällen füttern ließen, sorgten für weite Verbreitung der Bunten Bentheimer, die allerdings erst 1955 als Rasse offiziell anerkannt wurden. Doch nur wenige Jahre später verschwand das Bunte Bentheimer wie viele andere fettreiche Rassen, die dafür ja direkt nach dem Zweiten Weltkrieg noch beliebt waren, im Zuge des Trends zu leichterer Kost von den Weiden (das Bunte Bentheimer hatte damals drei Mal so viel Fett wie heutige, moderne Rassen). Es galt in den 1980er-Jahren fast als ausgestorben und wurde nur durch einen einzigen Züchter in Bentheim, dem Landwirt Gerhard Schulte-Bernd, erhalten. Heute finden sich wieder etwas mehr Tiere, allerdings hauptsächlich bei Hobbyzüchtern.

Charakter
Das Bunte Bentheimer Schwein verbindet sehr gute Fleischqualität mit Robustheit, Vitalität, Genügsamkeit und guten Muttereigenschaften. Am liebsten leben „die Swatbunten" auf der freien Weide und fressen, so es sie gibt, Eicheln.

Verwandtschaft
Das Bunte Bentheimer entstand aus der Kreuzung des Deutschen Hausschweines mit unterschiedlichen Rassen aus Europa wie dem Berkshire und dem Angler Sattelschwein

Verwendung in der Küche
Im August 2005 wurde das Bunte Bentheimer Schwein in die „Arche des guten Geschmacks von Slow Food" aufgenommen. Das Fleisch ist kernig, das Fett fest und stark geschmackshaltig. Koteletts oder Nackensteaks können bei niedriger Hitze in der Pfanne ganz ohne fremdes Fett kross gebraten werden.

Maximales Gewicht: 180–250 kg
Schlachtalter: 6 ½–7 Monate
Schlachtgewicht: 90–110 kg
Ferkel pro Wurf: 9–10

DEUTSCHE LANDRASSE

DEUTSCHLAND

Rasseninfo

Die Deutsche Landrasse entstand zu Beginn des 20. Jahrhunderts durch Einkreuzung von Yorkshire-Ebern in Marschschweine. Innerhalb dieser Rasse fanden sich regionale Ableger wie Meißner, Minden-Ravensberger oder das Hoyaer Schwein. Seit den 1950er-Jahren wurden verstärkt dänische Rassen eingezüchtet, um den Fleischanteil zu erhöhen – es hat dadurch auch eine Rippe mehr als früher. Seit 1969 als offizielle „Deutsche Landrasse Universal" anerkannt, gilt sie inzwischen als eine der wichtigsten Mutterrassen in den verschiedenen Kreuzungszuchtprogrammen und ist wegen ihrer Massentierhaltungstauglichkeit weltweit verbreitet. Wenn irgendwo in Deutschland ein dampfender Schweinebraten, ein Schnitzel oder ein Schinkenbrot auf den Tisch gestellt wird, ist mit hoher Wahrscheinlichkeit die jeweils aktuelle Version der Deutschen Landrasse beteiligt.

Die Tiere der Deutschen Landrasse sind großwüchsig, haben einen lang gestreckten Körper, eine leicht eingedellte Nasenlinie, Schlappohren und weiße Borsten auf unpigmentierter Haut – damit wurden sie zum Modell für unzählige Schweinezeichnungen von der Metzgertüte bis zum Comic.

Charakter

Etwas schwerfällig in den Bewegungen, aufzuchtstark, aber zum Teil sehr stressanfällig – immer wieder mussten andere Rassen eingekreuzt werden, um die für die Tiere stark belastende Haltung auf Spaltböden in den Ställen zu ermöglichen.

Verwandtschaft

Die Anfang der 1970er-Jahre weit verbreitete „Landrasse Universal" gilt inzwischen als fast ausgestorben, sie wurde mit den Jahren durch Einkreuzung von ausländischen, stressresistenteren Schweinen zur erfolgreichen und millionenfach gehaltenen „Deutsche Landrasse Sauenlinie".

Verwendung in der Küche

Die Deutsche Landrasse liefert mit 57 Prozent Muskelfleischanteil ein eher mageres Fleisch, das für alle Küchenanwendungen geeignet ist, aber durch die intensive Massentierhaltung oft qualitativ nicht an das marmorierte Fleisch anderer, seltener Rassen herankommt. Immerhin stellen bei den Ferkeln, die deutsche Biobauern erzeugen oder zukaufen, die Tiere dieser Rasse ebenfalls die überwältigende Mehrheit, sodass hier zumindest bei der Bioqualität auch anspruchsvolle Köche zufriedengestellt werden können.

Maximales Gewicht: 270–320 kg
Schlachtalter: 5–6 Monate
Schlachtgewicht: 100–110 kg
Ferkel pro Wurf: 9–10

HAVELLÄNDER APFELSCHWEIN
DEUTSCHLAND

Rasseninfo
Das Havelländer Apfelschwein ist keine eigenständige, anerkannte Schweinerasse, sondern eine Kreuzung aus robusten und für die Freilandhaltung geeigneten Rassen. Es wird in der Nähe von Berlin gezüchtet. Seinen Namen bekam es von dem Hauptbestandteil seiner Ernährung: Denn anders als in der konventionellen Haltung üblich, wird auf tierische und chemische Bestandteile sowie Antibiotika bei der Fütterung verzichtet, statt dessen bekommt das Schwein neben regionalem Futter jede Menge Apfeltrester ins Fressen. Diese Pressreste aus der Saftproduktion haben nach Angaben der Züchter eine positive Wirkung auf die Darmflora und somit unmittelbar auf die Gesundheit und das Wohlbefinden der Tiere. Dadurch bekommen das Fleisch und die Schwarte einen besonders arttypischen Geschmack. Auf Anabolika oder chemische Wachstumsbeschleuniger kann beim Havelländer Apfelschwein völlig verzichtet werden.
Die Apfelschweine werden artgerecht in großen Ställen und mit viel Auslauf unter freiem Himmel gehalten. Durch die Anordnung der Tränken im Freien bewegen sich die Tiere viel – bis zu einem Kilometer pro Tag, das entspricht in etwa dem 50-fachen eines Schweins aus der Massentierhaltung. Das führt dazu, dass die Apfelschweine nicht verfetten, sondern muskuläres Fleisch aufbauen.

Charakter
Apfelschweine sind aufgeschlossen, neugierig, interessiert und ausgesprochen gute Muttertiere. Jeden Tag von 15 bis 19 Uhr (im Winter bis 17 Uhr) ist Spielzeit: Dann sind alle Tiere draußen vor dem Stall und spielen in großen Gruppen miteinander.

Verwandtschaft
Die robuste Genetik des Havelländer Apfelschweines stammt von seinen Vorfahren: dem englischen Landschwein, dem nordamerikanischen Duroc und sehr alten Varianten des Deutschen Landschweins.

Verwendung in der Küche
Apfelschweine liefern ein festes, mild-aromatisches, fast schon elegant schmeckendes Fleisch von zarter, kurzer Faser mit außergewöhnlich geringem Fleischsaftaustritt, einer ausgewogenen Marmorierung und einer besonders knusprigen Kruste beim Braten.

Maximales Gewicht: 200 kg
Schlachtalter: 7 ½–8 Monate
Schlachtgewicht: 100 kg
Ferkel pro Wurf: 8–9

LEICOMA
DEUTSCHLAND

Rasseninfo
Der Name des Tieres spielt auf die drei damaligen DDR-Bezirke an, in denen diese Rasse gezüchtet und 1985 schließlich offiziell anerkannt wurde: Leipzig, Cottbus und Magdeburg. Bis heute werden in den Zuchtverbänden von Brandenburg, Mecklenburg, Sachsen-Anhalt und Thüringen sowie seit kurzem auch Baden Württemberg (hier im Auftrag einer großen Supermarktkette) die schnell wachsenden Leicomas gehalten. Seit 1995 arbeiten die ostdeutschen Betriebe mit dieser Rasse in einer überregionalen Zuchtkommission zusammen, um den Erhalt der Leicomas auch formal zu sichern.
Züchter in der DDR rühmten vor allem die vielseitige Verwendbarkeit als Mutterrasse für die Hybridschweinezuchtprogramme, aber auch die Robustheit, das schnelle Wachstum und die gute Fleischqualität. Der intramuskuläre Fettgehalt der Leicomastücke beeinflusst in hohem Maße Geschmack und Saftigkeit des Fleisches – für heutige Ernährungsgewohnheiten mit dem Wunsch nach magerem Fleisch allerdings weniger geeignet. Auch deshalb spielt Leicoma bundesweit oder gar international nur eine bescheidene Nebenrolle in der Schweinehaltung, auch in Biobetrieben ist diese Rasse nur selten zu finden. Allerdings stiegen in der jüngsten Zeit die Zuchtschweineexporte der Leicoma-Rasse nach Weißrussland stark an.
Leicomas haben sehr kurze Beine, einen geraden Rücken, eine tiefe Bauchlinie, kurze Hängeohren und eine hellrosafarbene Pigmentierung.

Charakter
Außergewöhnlich stressresistent, auch bei der Stallhaltung.

Verwandtschaft
Die Zucht der Leicomas wurde in der 1980er-Jahren in der DDR exakt dokumentiert: Die Rasse besteht genetisch gesehen aus 43 Prozent Deutsche und Niederländische Landrasse, 46 Prozent Duroc, 6 Prozent Estnische Baconrasse und 5 Prozent Deutsches Sattelschwein.

Verwendung in der Küche
Da den meisten Endverbrauchern die Leicomastücke inzwischen zu fett erscheinen, enden die meisten der vergleichsweise wenigen verbliebenen Tiere in der Wurst. Freunde des kalorienschweren Schweinegenusses können bei Leicoma-Koteletts aber wunderbar in Erinnerungen an die früheren, fetteren Zeiten schwelgen.

Maximales Gewicht: 130–160 kg
Schlachtalter: 6 ½ Monate
Schlachtgewicht: 90–120 kg
Ferkel pro Wurf: 9–11

SCHWÄBISCH-HÄLLISCHES LANDSCHWEIN

DEUTSCHLAND

Rasseninfo

Das Schwäbisch-Hällische Schwein wurde als „Hällischer Schlag" in der heutigen Region um Schwäbisch-Hall/Baden-Württemberg erstmals Ende des 18. Jahrhunderts urkundlich erwähnt. Es war aus den damals zur Fleischerzeugung gehaltenen Nachkommen der Wildschweine und einer asiatischen Schweinerasse gekreuzt worden, um auf Anordnung König Wilhelms I. die Zucht der württembergischen Schweine zu verbessern. Die Gene der chinesischen Maskenschweine sind noch immer an der leicht gerunzelten Stirn der Schwäbisch-Hällischen erkennbar.
Ansonsten hat das Schwäbisch-Hällische Schwein eine hochbeinige Statur, Schlappohren und einen schmalen Kopf. Vorne und hinten ist es schwarz (weshalb die Schwaben es auch „Mohrenköpfle" nennen), dazwischen erinnert ein breiter, nicht pigmentierter Streifen an die Ursprünge der Rasse als Sattelschwein. An den Stellen, an denen die beiden Farben aneinanderstoßen, sorgen in den dunklen Bereichen weiße Borsten für einen melierten Farbeindruck. Die bis zur Mitte des 20. Jahrhunderts sehr beliebte Rasse (in den 1950er-Jahren betrug der Anteil der Schwäbisch-Hällischen Schweine in Nordwürttemberg 90 Prozent) starb im Laufe des Wirtschaftswunders und der geänderten Ernährungsgewohnheiten bis 1980 fast aus.
1986 wurde von 17 Bauern in Hessental die „Züchtervereinigung Schwäbisch-Hällisches Schwein" gegründet, wenig später die „Bäuerliche Erzeugergemeinschaft Schwäbisch-Hall", die den Grundstein für den heutigen Erfolg der Rasse legte: Etwa 40.000 Tiere werden nun in Deutschland wieder jährlich vermarktet.

Charakter

Die Schwäbisch-Hällischen Sauen gelten als besonders fürsorgliche Muttertiere, die Eber als nur wenig aggressiv. Generell handelt es sich um ruhige, gemütliche und eher etwas phlegmatische Tiere.

Verwandtschaft

Das Schwäbisch-Hällische hat inzwischen große Kreise gezogen: Es wurde mit dem Angler Sattelschwein zu einer neuen Rasse gekreuzt: das Deutsche Sattelschwein.

Verwendung in der Küche

Das Fleisch des Schwäbisch-Hällischen Landschweines ist fest, recht dunkel und hält aufgrund seiner straffen Zellstruktur (55,5 Prozent Muskelfleischanteil) den Saft besonders gut. Es wird nicht nur im Schwäbischen sehr gerne von der Spitzengastronomie verarbeitet. Auch der geräucherte Speck (sogar als „Lardo" erhältlich) hat einen legendären Ruf.

Maximales Gewicht: 250–350 kg
Schlachtalter: 10–12 Monate
Schlachtgewicht: 110–130 kg
Ferkel pro Wurf: 10–14

WILDSCHWEIN

Rasseninfo
Das eurasische Wildschwein (Sus scrofa) ist biologisch der Vorfahr aller heutigen Schweinerassen in Europa. Die Urmenschen in den riesigen Waldgebieten Asiens und Europas jagten die Tiere, nahmen aber auch Ferkel zur Domestizierung mit an die Lagerstellen. Um etwa 9.000 vor Christus gab es die ersten nachweisbaren Kreuzungen (mit indischen Rassen) im Nahen Osten, seit dieser Zeit zählen die Schweine zu den Nutztierrassen.
Noch immer sind die Wildschweine von eher grobschultriger Statur, wobei über die Jahrhunderte Beine und Rüssel kürzer, die Körper länger wurden. Die Grundfarbe der Borsten ist grau-braun, die Hauerzähne stehen bis über den Oberkiefer vor.
Der Allesfresser ernährt sich von Eicheln und Bucheckern sowie unterirdischer Nahrung wie Insekten, Knollen und Wurzeln, aber auch Mäusen. Tagsüber verstecken sich die Wildschweine im Wald, nachts suchen sie zum Ärgernis der Bauern auf Äckern nach Rüben. Inzwischen findet man die Tiere auch mehr und mehr an Stadträndern – in Berlin gilt sogar ein Fütterungsverbot, um nicht noch mehr Wildschweine anzulocken.
Die Treibjagd („Sauhatz") auf das Schwarzwild war bis ins 18. Jahrhundert eine beliebte Mutprobe für junge Männer – Bachen, die ihren Nachwuchs schützen wollen, können bis zu 50 km/h schnell sprinten. Inzwischen werden in Deutschland jährlich rund 500.000 Wildschweine im Laufe der Jagdsaison geschossen, während der Schonzeit von Februar bis Mai wird nicht gejagt.

Charakter
Die Tiere leben in größeren Familienverbänden (Rotten von bis zu 20 Schweinen), angeführt von der Leitbache (Sau). Alle Familienmitglieder suchen untereinander häufig Körperkontakt: Das „Kontaktliegen" (der „Sauhaufen") dient bei den gestromt gemusterten Ferkeln (Frischlinge) primär dem gegenseitigen Warmhalten. Ältere Keiler werden häufig zu Einzelgängern. Das häufige Suhlen in Schlammbädern dient dazu, eine für Stechinsekten undurchdringliche Schutzschicht aufzubauen.

Verwandtschaft
Das Sus scrofa ist der Urahn fast aller Nutztierschweinerassen.

Verwendung in der Küche
Wildschweinfleisch enthält wenig Fett, ist aber bei ähnlicher Zartheit saftiger als Rotwild. Zum Braten werden vor allem Keulen und Rücken eingesetzt (stets gut durchbraten!), der Rest bereichert Ragouts oder kommt in schmackhafte Würste – eine der besten ist die italienische Wildschweinmortadella.

Maximales Gewicht: 120 (Sauen)–180 (Eber) kg
Jagdalter: 1–4 Jahre; Frischlinge bis 15 Monate
Jagdgewicht: 90–130 kg
Ferkel pro Wurf: 5–9 (Wurfzeit März/April)

MANGALITZA

UNGARN

Rasseninfo

Ungarns wichtigste Schweinerasse gibt es mit blonden, roten und sehr selten auch mit schwarzen Borsten, allen gemein aber ist eine dunkelgraue Haut darunter, die von dichtem, lockigen Borstenhaar überwuchert ist – weswegen es in Deutschland auch „Wollschwein" genannt wird. Durch diese dicke Behaarung ist das Tier außergewöhnlich witterungsunabhängig und fühlt sich auf der freien Flur am wohlsten. Die Borsten und das Unterhaar werden im Herbst und im Frühjahr abgeworfen, damit sie für die kommende Jahreszeit angepasst wieder nachwachsen können. Der Name „Mangalitza" (ungarisch: „Mangalica") bedeutet „walzenförmig" und stammt wahrscheinlich vom Serbo-Kroatischen „mangala svinija" („Gut genährtes Schwein"), oder „mangulica" („Wird schnell fett") ab.

Noch 1965 stellten die Mangalitzas 70 Prozent des gesamten ungarischen Schweinebestandes, wurden dann aber trotz ihrer Eignung für die Salamiproduktion binnen weniger Jahre von fettärmeren Rassen fast völlig verdrängt, sodass die Bestände der Wollschweine – immerhin eine der ältesten, rein erhaltenen europäischen Schweinerassen – heute stark dezimiert sind. Die einstmals weit verbreiteten schwarzen Mangalitzas gelten als nahezu ausgestorben.

Charakter

Mangalitzas zählen zu den gutmütigsten aller Schweinerassen. Sie sind genügsam, sozialkompatibel, extrem beweglich und deshalb auch zur Haltung in größeren Herden auf kargerem Boden geeignet. Sie sind echte Familientiere: Bei starker Kälte legen sich beide Elternteile (die Eber sind nicht so aggressiv wie bei anderen Rassen) Bauch an Bauch und nehmen die Ferkel in die Mitte. Die Sauen werfen vergleichsweise wenige Ferkel, die mit ihrem braunen Streifenmuster den Frischlingen der Wildschweine sehr ähnlich sehen.

Verwandtschaft

Die Mangalitza-Schweine entstanden aus Kreuzungen der halbwilden serbischen Fleischfettschweine Sumadia und Siska mit ungarischen Szalantai-Schweinen und moldawischen Rassen. 1927 wurde diese Rasse offiziell anerkannt.

Verwendung in der Küche

Mit seinem nach wie vor hohen Anteil an straffem aromatischem Speck war das Mangalitza in Ungarn bis weit in die 1970er-Jahre eine der wichtigsten Nutztierrassen für die Herstellung von ungarischer Salami. Bis heute ist sein festes, dunkles und gut marmoriertes Fleisch unter Feinschmeckern beliebt – besonders als Spanferkel oder für die Erzeugung von Schmalzprodukten und Leberwürsten. Auch als Grillgut eignet sich dieses Fleisch perfekt, denn es trocknet kaum aus. Die Borsten dieser Schweine werden für Hutdekorationen und zur Herstellung von Rasierpinseln benutzt.

1885 setzte Johann Strauß II. dem Mangalitza-Schwein ein Denkmal in seiner Operette „Der Zigeunerbaron": Schweinezüchter Zsupán erklärt darin „Borstenvieh und Schweinespeck" zu seinem Lebenszweck.

Maximales Gewicht: 170 kg
Schlachtalter: 16 Monate
Schlachtgewicht: 120–140 kg
Ferkel pro Wurf: 3–6

BERKSHIRE
ENGLAND

Rasseninfo
Das Berkshire ist eine der ältesten englischen Edelschweinrassen. Ursprünglich stammt es aus der Gegend um die Städte Faringdon und Wantage und war dort angeblich schon zu Cromwells Zeiten bekannt. Doch erst im 18. Jahrhundert wurde es als Rasse registriert. Noch heute lässt die englische Königsfamilie eine große Berkshire-Herde auf Windsor Castle halten. Bereits das erste Berkshire-Schwein, das namentlich erwähnt wurde, hatte gute Beziehungen zum Hochadel: Es war der Eber „Ace of Spades", der von Queen Victoria gezüchtet wurde.
Dennoch schaffte vor allem das amerikanische und kanadische Berkshire eine Weltkarriere als eine der ersten etwas fettärmeren Schweinerassen. Das Tier erlangt rasch die Schlachtreife, ist zu diesem Zeitpunkt aber zu klein für die Speckproduktion und wird deshalb primär für die Fleischwaren- und Schinkenherstellung eingesetzt. Lässt man es auswachsen, entwickelt es binnen weniger Wochen einen (unerwünscht) hohen Fettanteil.
Das Berkshire hat einen langen Körper, ein gedrungenes Gesicht mit Stehohren und meist vier weiße Füße sowie einen weißen Streifen auf der Nase.

Charakter
Berkshires galten früher als eine der frechsten Schweinerassen und sind bis heute sehr neugierig und agil.

Verwandtschaft
Vorfahr war das Old Berkshire, eine britische Rasse mit rötlicher Färbung und schwarzen Flecken. Nach der Einkreuzung von Chinesischen und Neapolitanischen Schweinen wurde das Tier magerer und die Haut vorwiegend schwarz mit weißen Stellen.

Verwendung in der Küche
Das Berkshire-Fleisch ist fest, hell, sehr mager und extrem zart. Es schmeckt aber leicht süßlich, daher wird es in Reinform auf vielen großen Fleischmärkten nicht mehr nachgefragt. Trotzdem ist es eine gesuchte Fleischsorte in einigen Spitzenrestaurants Australiens und Amerikas sowie in Japan als „Kurobuta" („Schwarzes Schwein") eine teuer bezahlte Delikatesse.

Zu literarischen Ehren kam die Rasse in George Orwells Roman „Farm der Tiere" – in Gestalt des wuchtigen Berkshire-Keilers „Napoleon".

Maximales Gewicht: 200–280 kg
Schlachtalter: 6–7 Monate
Schlachtgewicht: 110–120 kg
Ferkel pro Wurf: 7–10

HAMPSHIRE
ENGLAND/USA

Rasseninfo
Ursprünglich lebten diese Tiere, eine Kreuzung aus dem New-Forest-Schwein und dem Alten Englischen Sattelschwein, in den südenglischen Küstenregionen Hampshire, Dorset und Sussex. Reger Zuchtaustausch mit Amerika im 19. Jahrhundert, wo man die Rasse „Thin Rind Hog" nannte, führte schließlich auch in England dazu, dass die Schweine zwar ihren weißen Sattel behielten, die ursprünglichen Hängeohren und den tiefen Rumpf aber zugunsten von Stehohren und einer höheren Bauchlinie verloren. 1904 wurde in Kentucky die amerikanische Linie als „Hampshire" offiziell anerkannt und ist bis heute in Nordamerika eine der häufigsten Schweinerassen.
Beim britischen Hampshire sind Kopf, Hals und die hintere Körperhälfte schwarz, Brustbereich und Vorderbeine weiß, jeweils dazwischen liegt ein hellgrauer Streifen. Der Kopf ist lang, die Beine kurz, weisen aber stattliche Schinken auf.
In den 1970er-Jahren ereichten die ersten Hampshires Deutschland, wo sie in Reinzucht allerdings nur in wenigen Betrieben gehalten werden. In der Schweiz werden amerikanische und britische Hampshire-Schweine als getrennte Rassen geführt.

Charakter
Sehr aktiv, umtriebig, schnell, widerstandsfähig und neugierig – deshalb ideal geeignet für die Freilandhaltung. Die Eber können extrem reizbar und aggressiv sein, doch insgesamt gilt die Rasse als wenig stressanfällig. Hampshire-Sauen können daher notfalls auch in Ställen mit Beton- oder Gitterboden leben, was dazu geführt hat, dass diese Rasse in den meisten Ländern nicht mehr frei laufend, sondern in Massenställen gehalten wird.

Verwandtschaft
Das amerikanische Hampshire wurde mit White Suffolk und Berkshire gekreuzt und von Amerika aus weltweit als beliebter Zuchteber und zuverlässiger Lieferant von Fleisch und (wenig) Speck verbreitet.

Verwendung in der Küche
Rücken und Schinken sind sehr muskulös, was zu einem festen, einfach zu verarbeitenden Fleisch führt. Die Knochen sind fest, der Rücken wenig fetthaltig – auch heute noch beliebte Merkmale erfolgreicher Schweinerassen. Im Vergleich mit der direkten Konkurrenzrasse Berkshire fällt das Fleisch geschmacklich aber zurück, weshalb es in den USA auch primär für einfache Zwecke wie Hackfleisch- oder Wurst-/Schinkenproduktion eingesetzt wird.

Maximales Gewicht: 120–130 kg
Schlachtalter: 7–8 Monate
Schlachtgewicht: 90–100 kg
Ferkel pro Wurf: 8–9

DUROC
USA

Rasseninfo
Das Duroc ist die in den USA am weitesten verbreitete Schweinerasse, die aber auch in vielen anderen Ländern der Welt eine große Rolle spielt, wenn saftiges und nur leicht marmoriertes Schweinefleisch erzeugt werden soll. Seit Mitte der 1980er-Jahre findet diese typische Mutterrasse (hohe Aufzuchtleistungen) auch bei deutschen Züchtern mehr und mehr Freunde – allerdings nicht zur Massenhaltung, es wird bei uns eher zur Erhöhung des Muskelfleischanteils bei zu fetten Rassen eingekreuzt.
Durocs sind mittelgroß, meist von roter Farbe mit einem leichten Rostton, haben so gut wie keine Wamme (vom Hals herabhängende Falte), kleine Schlappohren, lange und dicke Borsten sowie stramme Lenden, Hinterbacken und Rücken. Das außerordentlich schnell wachsende Tier gilt als hervorragender Futterverwerter und lebt am liebsten ganzjährig unter freiem Himmel – allerdings gibt es vor allem im Winter Schwierigkeiten bei der sauberen Entborstung.

Charakter
Sozialkompatibel auch in großen Herden, robust und mit seinen geraden, festen Beinen auch sehr agil. Züchter schätzen die ruhige, gutmütige Wesensart und die allgemein sehr hohe Widerstandsfähigkeit gegen Krankheiten, mit Ausnahme einer hohen Anfälligkeit für Euterkrankheiten bei den Sauen. Die Ferkel saugen besonders lange bei der Muttersau und werden erst nach sieben bis zehn Wochen abgesetzt.

Verwandtschaft
Im frühen 19. Jahrhundert entstand in Amerika aus großen Wildschweinarten und dem New York Red erstmals das Duroc, in das weitere rote Schweine, 1849 aus Guinea importiert, und spanische Schweine, die 1837 nach Kentucky kamen, eingezüchtet wurden.

Verwendung in der Küche
Das zart marmorierte Fleisch wird von vielen Köchen geschätzt, die einen guten Kompromiss zwischen Saftigkeit und niedrigem Fettanteil beim Schweinefleisch suchen. Durch die fast ausschließliche Freilandhaltung sind auch die Muskeln der Tiere kräftig ausgebildet (Muskelfleischanteil 56,6 Prozent), besitzen dabei aber einen idealen Anteil an intramuskulärem Fett. Im österreichischen Kärnten wird aus Duroc-Fleisch der „Original Gurktaler Luftgeselchter Speck" hergestellt.

Maximales Gewicht: 130–150 kg
Schlachtalter: 7 ½ Monate
Schlachtgewicht: 85–100 kg
Ferkel pro Wurf: 8–10

PIETRAIN
BELGIEN

Rasseninfo
Nach dem Zweiten Weltkrieg wurde in der belgischen Gemeinde Piétrain in der Provinz Brabant aus der Kreuzung französischer Schweine (Bayeux), Berkshire-Sauen, Yorkshires und iberischer Rassen das Fleischschwein Piétrain gezüchtet.
Seit 1958 kommt es zur Zucht und Veredelung anderer Rassen in fast jedem europäischen Land zum Einsatz. In Belgien stellen sie ein Drittel des Gesamtbestandes, als Einzüchtungstiere bilden sie hochgerechnet die zweitstärkste Schweinerasse in Europa.
Piétrain gelten als ausgeprägte Vaterrasse, wie sie seit Jahrzehnten von Züchtern, Handel und Verbrauchern bevorzugt wird – mit viel magerem Fleisch und besonders kräftig ausgebildeten Schinken. Reinrassige Piétrains sind seit wenigen Jahren aber außerhalb Belgiens immer seltener zu finden, weil die hochgezüchteten Tiere teilweise unter ihrer eigenen Fleischlast zusammenfielen und bei Schlachtern bereits den Spitznamen „Japser" hatten – viele der Schweine brachen schon auf dem Weg zum Bolzenschussapparat mit Kreislaufkollaps zusammen.
Piétrains erkennt man an den schwarzen oder grauen unregelmäßigen Flecken auf der Haut und den leicht nach vorne ausgerichteten Stehohren.

Charakter
Wie die meisten „Hochleistungsschweine" ist auch das Piétrain in der Reinzucht extrem stressanfällig. Es gilt als labil, insgesamt schwach gegen Krankheiten und kann bei Stress sogar ohne weitere Voranzeichen tot umfallen – dafür genügt es manchmal schon, wenn der Bauer beim Ausmisten laut niesen muss.

Verwandtschaft
Die engsten Verwandten stammen aus Frankreich und England: die normannischen Bayeux und die britischen Large White.

Verwendung in der Küche
Mit fast 65 Prozent Muskelfleischanteil bietet das Piétrain zeitgemäßes, allerdings oft auch wässriges „Turbofleisch". Vor allem an den Vorder- und Hinterschinken bildet es dermaßen viel Fleisch aus, dass es das „Schwein mit den vier Schinken" genannt wird. Weil es geschmacklich aber die vergleichbar fettarme Deutsche Landrasse um Längen schlägt, ist das Fleisch von Schweinen mit eingezüchteten Piétrain-Merkmalen ein gern gesehener Gast in der europäischen Hochküche.

Maximales Gewicht: 240–280 kg
Schlachtalter: 7 ½ Monate
Schlachtgewicht: 90–115
Ferkel pro Wurf: 10–12

CINTA SENESE
ITALIEN

Rasseninfo
Das Cinta-Senese-Schwein hat seine Ursprünge wahrscheinlich schon in der Antike. Einer der ältesten Beweise für seine Existenz als Rasse ist ein Gemälde von Ambrogio Lorenzetti mit dem Titel „Buon Governo" aus dem Jahr 1338, das im Palazzo Communale in Siena hängt. Die rustikale Schweinerasse war über Jahrhunderte typisch für die kleinen Bauernhöfe der Toskana, doch auch hier setzten sich mehr und mehr die fettarmen Rassen durch. Im Jahr 2000 wurde von einigen Bauern und Metzgern das „Consorzio di Tutela della Cinta Senese", eine Vereinigung zum Schutz der Rasse und Überwachung der Züchter gegründet. Seitdem sind wieder immer mehr dieser Tiere in der Toskana zu sehen.
Das Cinta-Senese-Schwein ist von mittlerer Größe, mit dunkelgrauer Haut, die einige schwarze Flecken aufweisen kann, sowie einem weiß-rosa Band (eine Art Gürtel), das sich um Brust und Schulter zieht. Der eher kleine Kopf endet in einer faltigen, langen und schmalen Schnauze. Der Rücken ist schräg nach hinten abfallend, der Schwanz hat an seinem Beginn kahle Stellen und ist fast nie geringelt.
Cinta-Senese-Schweine leben ganzjährig unter freiem Himmel und ernähren sich von dem, was der Wald hergibt, also Eicheln, Bucheckern, Pilzen, Beeren und Wurzeln. Im Winter wird Mais und Getreide zugefüttert.

Charakter
Agil, energisch, gesellig und selbstbewusst – sie eignen sich ausschließlich zur Freihaltung, im Stall gehen sie ein.

Verwandtschaft
Auf ganz alten Bildern haben diese Schweine noch kleine, spitze Ohren, inzwischen sind sie groß und hängen über die Augen – ein Hinweis auf diverse Einkreuzungen mit Wildschweinen und einer Schweinerasse, die nach dem Ort Maremmana in der Nähe von Siena benannt ist.

Verwendung in der Küche
Das Fleisch des Cinta Senese ist dunkelrot und von feinem Fett durchzogen. Der roh geräucherte Schinken schmeckt feiner und eleganter als viele vergleichbare italienische Produkte. Der Lardo (fetter Speck mit Salz, Pfeffer, Pepperoni und Lorbeerblättern mariniert) wie auch die Fenchelsalami aus Cinta Senese gewinnen seit Jahren einen Qualitätspreis nach dem anderen. Die italienischen Slow-Food-Mitglieder loben insbesondere das Fett, das sehr gut verträglich und mit Olivenöl vergleichbar sei. Frischfleisch von den Cinta Senese wird noch nicht einmal in der Toskana in erwähnenswerten Mengen gehandelt, in Deutschland ist es so gut wie nicht erhältlich.

Maximales Gewicht: 200 kg
Schlachtalter: 12–16 Monate
Schlachtgewicht: 150 kg
Ferkel pro Wurf: 7–9

PORC NOIR DE BIGORRE

FRANKREICH / SPANIEN

Rasseninfo

Das Porc Noir de Bigorre, wie das Schwarzfußschwein in seiner Heimat von der französischen Pyrenäenprovinz Bigorre bis zum Baskenland heißt (tiefer drin in Spanien nennt man es dann „Pata Negra"), wird noch heute so wie im Mittelalter gehalten: im Freien, in Wäldern und auf Lichtungen. Dort suchen sie sich in den letzten Monaten (mindestens sechs) ihres Lebens zu ihrem Getreidefutter auch Eicheln, Kastanien und Oliven selbst zusammen und bauen entsprechend langsam ihr Fleisch auf.

Das Bigorre-Schwein ist keine Schönheit unter den Paarhufern: Es hat zwar feste Stehohren, erinnert mit seiner stark pigmentierten Haut und den dünn gesäten, schwarzen Borsten sowie dem etwas eingedrückten Gesicht eher an die Karikatur eines „dummen Schweins" – was aber täuscht, denn das Bigorre ist auch wegen seiner genetischen Nähe zu wilden Rassen ein aufmerksames und aufgewecktes Tier.

Bis heute feiert man jährlich in Trie sur Baise das „Schweinefest" zu Ehren des Bigorre. Der schnelle Niedergang der Rasse begann nach dem zweiten Weltkrieg, die regen Tiere waren und sind nicht zur Intensivhaltung geeignet. Als zu Beginn der 1980-Jahre einige Züchter mit der Rettung der Rasse begannen, gab es nur noch 34 Sauen und 2 Eber.

Charakter

Das Bigorre-Schwein ist seinem hispanischen Schwarzfußvetter Cerdo Ibérico wesensähnlich: neugierig und bewegungsfreudig, daher dürfen die Züchter nicht mehr als 25 Tiere pro Hektar halten.

Verwandtschaft

Der genaue Ursprung des Bigorre ist ungeklärt, es muss sich aber um eine extrem alte Rasse handeln, denn in einigen Pyrenäenhöhlen wurden Felszeichnungen der Schwarzfußschweine gefunden.

Verwendung in der Küche

Das Fleisch von Bigorre-Schweinen ist ein Liebling der deutschen Sternegastronomie. Das Berliner Facil tischt „Geschmorte Bäckchen vom Bigorre-Schwein mit Radieschenkraut" auf, der Zweisterner Peter Maria Schnurr kocht in seinem Leipziger Falco „Zweierlei vom Noire-de-Bigorre-Schwein mit eigenem Jus und Gurken-Bulgur" und der Dreisternekoch Joachim Wissler vom Gladbacher Vendôme kombiniert Egelseer Waldschwein mit Bigorre-Ferkelfleisch. Alle schätzen den nussigen, eleganten Geschmack mit leichten Röstspecknoten und die starke Marmorierung.

Durch den hohen Anteil an ungesättigten Fettsäuren eignet sich das Fleisch auch hervorragend für kräftiges, schnelles Braten oder Grillen – es bleibt trotz einer krossen Kruste innen ganz zart.

Maximales Gewicht: 170–190 kg
Schlachtalter: 12–15 Monate
Schlachtgewicht: 120–160 kg
Ferkel pro Wurf: 7–10

IBERISCHES SCHWEIN
SPANIEN

Rasseninfo

Als die Römer in der Antike nach Hispanien vordrangen, hatten die Einwohner dort bereits schwarzborstige Ibérico-Schweine domestiziert. Bis heute leben die Tiere frei auf großen Ländereien in Andalusien und der Extremadura und ernähren sich dort zunächst von Gerste, Mais und Weizenkörnern. Wenn im Oktober die Eicheln von den Bäumen fallen und damit die Mastform „Montanera" beginnen kann, stehen primär verschiedene Gräser, wilde Kräuter und vor allem die Eicheln auf dem Speiseplan. Sie wachsen langsam und fressen viel: Eine Eiche trägt pro Jahr etwa 40 Kilo Eicheln – das reicht einem Schwein in der Mastphase noch nicht einmal eine Woche.

Das Cerdo Ibérico ist eine halbwilde Schweinerasse, kaum behaart, mit Schlappohren, schwarzen Pfoten („Patwa negra") und einem langen Rüssel, um die Eicheln aufzustöbern.

Das Iberische Schwein gehört in diesen Regionen fast schon zu den nationalen Kulturgütern: In dem kleinen Dörfchen La Alberca zum Beispiel lassen die Spanier das ganze Jahr über ein einzelnes Ibérico-Schwein zu Ehren des Heiligen San Antón frei durch die Gassen des Ortes laufen. Es wird von allen Bewohnern gefüttert und nach erfolgreicher Mast an eine bedürftige Familie verschenkt. Andererseits ist das Cerdo Ibérico auch ein wichtiger Wirtschaftsfaktor – der Gesamtumsatz Spaniens mit dem iberischen Schwein liegt bei etwa 600 Millionen Euro im Jahr.

Charakter

Neugierig, agil, auch in großen Rotten (200–300 Tiere) sehr soziales Verhalten.

Verwandtschaft

Das Cerdo Ibérico stammt von der Wildschweinerasse Sus Scrofa Mediterraneus ab und wurde in den 1970er-Jahren durch die afrikanische Schweinepest fast ausgerottet. Inzwischen haben sich die Bestände erholt.

Verwendung in der Küche

Die spanische Art, das Schwein zu zerlegen, ergibt einige Zuschnitte, die in Deutschland weniger bekannt sind: Neben den gängigen Stücken wie Schinken, Lende (Lomo), Schulter (Presa) oder Filet (Solomillo) sind das vor allem das „Geheime Filet" (Secreto – stark marmoriertes Stück Lendenspeck; beliebt in der Avantgardeküche), die „Feder" (Pluma – vorderer Lendenteil), der magere Kaumuskel (Carrilera) und die dem Bries ähnelnden Speicheldrüsen (Castañuelas – in Spanien gern bei Schmorgerichten eingesetzt).

Durch die perfekte Marmorierung ist das Ibérico-Fleisch mit dem des Wagyu-Rindes zu vergleichen. Es weist dazu einen hohen Anteil an ungesättigten Fettsäuren und einen herrlich nussigen Geschmack auf.

Maximales Gewicht: 180 kg
Schlachtalter: 10–16 Monate
Schlachtgewicht: 120–130 kg
Ferkel pro Wurf: 8–11

RUND UMS SCHLACHTEN

SCHLACHTEN

Dieses Wochenende im Sonderangebot: Schweineschulter für nur 1,99 Euro das Kilo! Alltag in deutschen Supermärkten. Der Verbraucher freut sich, kann er doch auch bei knapper Kasse jeden Sonntag einen Braten auf dem Tisch haben. Andererseits: Wie ist es möglich, dass Fleisch von einem Lebewesen billiger angeboten wird als ein Kilo Tomaten, Zucchini oder Champignons? Wer hier vor dem Kauf auch nur ganz kurz nachdenkt, wird sich unabhängig von seiner Religionszugehörigkeit eine Frage stellen müssen: Kann so ein Tier überhaupt ein Leben vor dem Tod gehabt haben?

Für Wolfgang Müller ist die Antwort klar: „Brauchen wir jeden Tag Fleisch und Wurst? Wo soll all die Ware denn herkommen? Es ist doch klar, dass es nur deswegen diese Großmastanlagen gibt."

Die Bedingungen, unter denen weit über 95 Prozent aller Schweine in Deutschland leben müssen, sind – im wahrsten Sinne des Wortes – unter aller Sau: „Das Futter ist voll mit Arznei und Wachstumsmitteln, um so schnell wie möglich dicke, schwere Tiere zu bekommen. Lebewesen werden ohne Respekt und Ehrfurcht gehalten, nur des Profits wegen", grollt Müller. Und so großindustriell wie das kurze Leben dieser Turboschweine wird auch deren Ende organisiert. Allein bei „Tönnies Fleisch", dem Schlachtmarktführer aus Rheda-Wiedenbrück zum Beispiel, werden täglich über 20.000 Schweine, zumeist aus Massentierhaltungsbetrieben, angeliefert, durch die Kohlendioxid-Betäubungsanlage geschleust und von Akkordschlachtern getötet und zerlegt.

Alle zwei Jahre veranstaltet Tönnies gar die „Deutsche Zerlegemeisterschaft" für Mitarbeiter des Fleischgewerbes. Der Wettbewerb wird in den Kategorien „Handwerk" und „Akkord" ausgetragen und ist, wie Tönnies wirbt, „eine öffentliche Veranstaltung, die von zahlreichen Attraktionen für die ganze Familie eingerahmt wird".

Ob diese Familien wissen, dass hier jährlich an die acht Millionen Schweine zum Schlachtpreis von 1,40 Euro das Kilo massenindustriell verschnitzelt und verwurstet werden? Und dass genau diese Massenproduktion letztlich dafür verantwortlich ist, wenn das wässrige Schmetterlingsteak in der Pfanne mal wieder in Sekundenschnelle auf die Hälfte seiner (Verkaufs-)Größe schrumpft? Wolfgang Müller jedenfalls hat sich schon vor Jahrzehnten aus diesem schlechten Spiel mit dem Quälfleisch verabschiedet: „Wenn ich im Supermarkt eine Wurstpackung in die Hand nehme und lese, was da drin ist, vergeht mir erstens die Lust, das zu kaufen, und zweitens weiß ich nicht, ob das überhaupt noch Wurst ist. Da sage ich mir, lieber ein bisschen weniger Wurst und Fleisch, aber dafür bessere Qualität. Und die hat eben ihren Preis."

Einen Preis, den Müllers Gäste im Berliner Horvath gern zu zahlen bereit waren, wenn der Chef einmal im Jahr sein großes Schlachtfest veranstaltete. Müller hat seit Jahren auf einem Hof von Freunden, eine gute Autostunde von Berlin entfernt, ein paar Schweine stehen. Meistens Deutsche Landschweine oder Wollschweine, aktuell sind es Apfelschweine (siehe auch Kapitel Schweinerassen ab Seite 10): „Ich weiß, wie die aufwachsen, sie laufen frei in der Natur herum. Sie leben auf einem großen Gelände. Dort haben sie eine Wiese und eine Hütte zum Unterstellen – so, wie ein Schweinchen eben leben sollte. Es gibt auch eine riesige Dreckgrube, wo sie sich von Parasiten befreien können. Wer meint, ein Schwein sei dreckig oder schmutzig, den lade ich gerne mal ein und zeige, wie so ein Schwein leben kann."

Müllers Tiere tragen Namen, zum Beispiel „Sancho" und „Pancho", denn ein „Leben ohne Namen, das ist wie im Knast oder in den großen Mastzuchtanlagen". Auch ihre Ernährung unterscheidet sich drastisch von den Turbo-Verwandten. Müllers Schweine „fressen leckere Sachen: Kastanien, Eicheln, Mais, Körner und alles, was frisch und nahrhaft ist. Meine Schweine bekommen kein Aufbau- und Kraftfutter oder Antibiotika. Das ist wichtig, damit es den Tieren gut geht und die Qualität in Ordnung ist. In der Wurst, dem Schinken oder dem Fleisch in der Pfanne würden sich sonst böse Überraschungen zeigen."

Auch beim Schlachten dekliniert Müller das Schweinethema konsequent durch. Das Tier wird komplett verarbeitet, vom Kopf bis zum Schwanz, mit allen Innereien. Das ist an sich nichts Besonderes, auch bei der bäuerlichen Hausschlachtung oder in der großindustriellen Fleisch- und Wurstproduktion wird nur ein verschwindend kleiner Prozentsatz des Schlachtgewichtes nicht verwertet. Nicht zum offiziellen „Schlachtgewicht" zählen die Zunge, die Geschlechtsorgane, das Rückenmark, die Organe der Brust- und Bauchhöhle, der Flomen, die Nieren, das Gehirn sowie das Zwerchfell mit dem Zwerchfellpfeiler (Nierenzapfen) – der beim Kalb und Rind in Frankreich als „Onglet" zu den Genießer-

Geheimtipps zählt, beim Schwein aber noch nicht zu kulinarischen Ehren gekommen ist.

Müller nutzt jedoch auch die meisten dieser Teile – und er hebt das Prinzip der Vollverwertung (auch mit den Rezepten in diesem Buch) auf das Niveau der Hochküche. Das kam schon im Horvath gut an: „Mir fiel vor allem auf, dass die Innereien in Vergessenheit geraten sind. Keiner traut sich mehr ran. Das liegt wohl daran, dass es da oft schlechte Ware gibt. Wir verarbeiten alles. Vom Hirn gibt's ein Hirnsoufflé, von Herz und Lunge einen Strudel und es gibt gebackene Milz – mit Kartoffelpüree und Kürbis. Auf dem Land geborene ältere Gäste fühlen sich dadurch an vergangene Zeiten erinnert, jüngere entdecken das Neue. In so einer Veranstaltung steckt etwas Rustikales, Deftiges, aber verpackt in einer modernen Lockerheit. Das ist Party."

Doch vor der Party kommt das, was die meisten Freunde gehobener Fleischeslust am liebsten verdrängen: Das Schwein muss geschlachtet werden. Müller darf als gelernter Metzger diese schwere Aufgabe bei seinen eigenen Tieren selbst erledigen. Das ist auch für ihn hart, aber wenigstens haben seine Schweine nicht nur ein schöneres, sondern auch längeres Leben als die meisten ihrer Artgenossen: „Ich lasse sie älter werden. Heutzutage schlachtet man normalerweise nach sechs bis acht Monaten, meine feiern wenigstens den ersten Geburtstag. Deswegen sind sie fetter, und das ist gut so."

Am Tag der Schlachtung muss Müller früh aus den Federn, denn dieser Dienst am Schwein dauert alles in allem mehr als zwölf Stunden. Gegen halb sechs Uhr kommt er auf dem Hof an, seine Freunde dort haben bereits den riesigen Wasserkessel angeheizt, den Dresscode „Gummi" (Stiefel und Schürze) umgesetzt und die wichtigsten Werkzeuge bereitgelegt: Messer, Beil, Säge, Bolzenschussapparat, ein Eimer für das Blut, ein Stock zum Rühren, eine Glocke (so heißt der Borstenentferner) und eine Kette. Doch zunächst muss der Tierarzt sein O.K. geben, denn Hausschlachtungen sind in Deutschland strikt reglementiert.

Als Hausschlachtung gilt demnach „eine Schlachtung außerhalb gewerblicher Schlachtstätten, wobei das erschlachtete Fleisch ausschließlich im eigenen Haushalt des Tierbesitzers verwendet wird. Die Fleischgewinnung für andere Personen ist im fleischhygienerechtlichen Sinne eine gewerbliche Tätigkeit". Für Wolfgang Müller als gelernter und geprüfter Metzger ist das kein Problem, er arbeitet hier im Gegensatz zu vielen Bauern, die auf dem Hof schlachten und die daraus gewonnenen Produkte zum Beispiel in ihrem Hofladen verkaufen wollen, nicht im rechtlichen Graubereich.

Die „Verordnung über die hygienischen Anforderungen und amtlichen Untersuchungen beim Verkehr mit Fleisch" schreibt bei Hausschlachtungen sogar zwei tierärztliche Untersuchungen vor: die sogenannte „Lebendbeschau" vor dem Schlachten sowie die genaue Untersuchung des geschlachteten Tieres. Diese Fleischbeschau, im Gesetz „Schlachttieruntersuchung" genannt, umfasst beim Schwein „Besichtigung der Muskulatur, des Binde- und Fettgewebes, der Knochen, insbesondere der gespaltenen Wirbelsäule, der Gelenke und des Brustbeins, beim Schwein auch der Haut". Vor allem geht es dabei darum, eventuell im Schweinefleisch vorhandenen Wurmbefall zu erkennen.

Vor Abschluss dieser Trichinenuntersuchung darf das geschlachtete Tier nicht aus dem Schlachtbetrieb entfernt und nicht weiter als in Hälften zerlegt werden. Die Trichinellose (immerhin infizierten sich noch im 19. Jahrhundert über 10.000 Menschen pro Jahr an dem Fadenwurm Trichinella spiralis) gilt in Ländern mit amtlich überwachter Fleischbeschau zwar als ausgerottet und die Erkrankung würde meist nach einem Jahr von selbst abklingen, es kann aber auch der Herzmuskel lebensbedrohlich befallen werden. Um die Larven abzutöten, müsste das befallene Fleisch auf mindestens 65 °C erhitzt oder tiefgekühlt werden. Räuchern, Pökeln, Salzen oder Trocknen allein wären keine tauglichen Methoden. Gerade bei Hausschlachtungen ist diese „Schlachttieruntersuchung" also ein wesentlicher Beitrag zur Nahrungssicherheit.

Eben deshalb geschah das Schlachten früher wegen der niedrigen (hygienischeren) Temperaturen meist im Freien und im Winter – und oft waren es Handwerker oder Maurer, deren Arbeit in den kalten Monaten nicht verrichtet werden konnten, und die deshalb als Schlachter von Hof zu Hof zogen. Seit 1997 jedoch schreibt die Tierschutzschlachtverordnung vor: „Die Schlachtung ist sachkundigen Personen vorbehalten". Dazu zählen vor allem geprüfte Metzger, von denen sich inzwischen auch einige wieder als mobile Schlachter zu einer eigenen Hausschlachter-Innung zusammengeschlossen haben.

Nach der erfolgreichen „Lebendbeschau" macht sich Wolfgang Müller als ebenfalls „sachkundige Person" nun an den Teil der Arbeit, der ihm auch nach Jahren der Routine immer wieder ans Herz geht. Als Koch gewohnt, täglich kaltes Fleisch anzufassen, ist es auch für ihn ein schwerer Moment, dem Leben seiner Tiere ein Ende zu setzen: „Jetzt kommt in mir eine gewisse Nervosität auf und ich kriege ein blödes Gefühl in der Magengrube. Nicht, weil ich Angst habe, sondern weil es um das Töten geht. Ich entschuldige mich bei meinem Opfer und verspreche ihm, dass es schnell geht. Viele halten das jetzt vielleicht für Blödsinn, aber ich habe Respekt vor dem Leben und dem Tier."

Da in Deutschland das Töten unbetäubter Tiere verboten ist (was zu den bekannten Problemen mit den religiös bedingten koscheren oder Halal-Schlachtmethoden führt), muss auch Müllers Tier zunächst betäubt werden. Bei Schweinen sind fünf Methoden erlaubt. § 13 Abs. 6 des Tierschutzgesetzes gestattet bis auf den Genickschlag alle hierzulande gebräuchlichen Verfahren: Bolzen- oder Kugelschuss, Elektroschock, Kohlendioxidexposition und den Kopfschlag.

Bei der Betäubung mit der Elektrozange (Amtsdeutsch: „Elektrische Durchströmung") muss bei Schweinen vier bis acht Sekunden lang mindestens 1,2 Ampere Strom durch das Gehirn des Tieres fließen. Beim Bolzenschuss muss „das Gerät so angesetzt und die Größe sowie die Auftreffenergie des Bolzens so bemessen sein, dass der Bolzen mit Sicherheit in das Gehirn eindringt. Es ist untersagt, Tieren in den Hinterkopf zu schießen", bestimmt das Gesetz.

In jedem Fall aber dienen all diese Methoden dem Betäuben, nicht aber dem Töten des Tieres – das geschieht durch anschließendes Ausbluten: Der Schlachter sticht knapp oberhalb des Brustbeines mit einem schmalen Messer in die Hauptschlagader, dreht das Messer kurz hin und her und binnen weniger Minuten fließt das Blut nahezu vollständig in die Auffangwanne.

Wolfgang Müller hat sich für die Bolzenmethode entschieden, denn die funktioniert seiner Meinung nach am schnellsten und sichersten: „Das Wasser kocht und das Schwein wird geholt. Ruhig läuft es herbei, ohne Stress und Druck. Der Bolzenschussapparat wird am Kopf angesetzt, zwischen den Augen und dem Ohrenansatz. Wenn ich abdrücke, gibt es einen kurzen Knall, manchmal noch ein Grunzen, dann fällt das Schwein um. Ich steche es an der Kehle auf. Das lauwarme Blut läuft heraus. Es wird in eine alte Milchkanne gefüllt. Sofort fangen wir zu rühren an. So lange, bis sich die weißen Blutkörperchen trennen und oben als Kuchen absetzen – so wie man auch eine Consommé klärt. Der Kuchen wird abgeschöpft, darunter hat man das Grundmaterial für herrliche Blutwürste, Zungenwürste, Schwarzwürste und andere Spezialitäten."

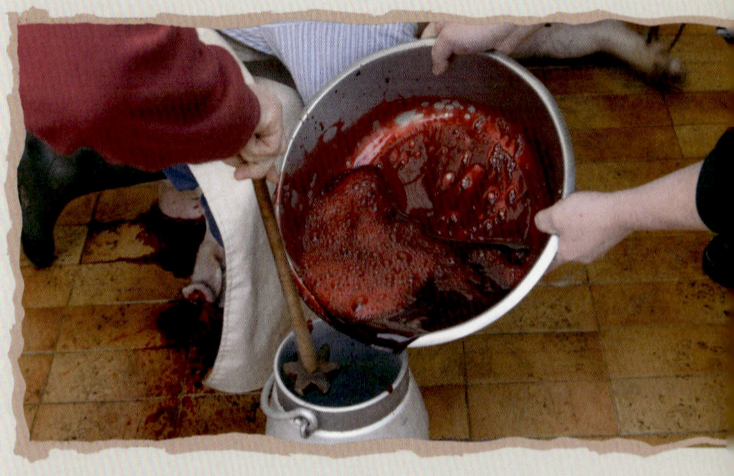

Anschließend legen Müller und seine Helfer mit fließenden Bewegungen, die auf jahrelang eingespielte Choreographie schließen lassen, das Schwein auf einen alten Holztisch, übergießen es mit viel kochendem Wasser. Dadurch wird es sauber gewaschen und die Borsten werden weicher. Mit der „Glocke" werden die Borsten heruntergekratzt und die Klauen gezogen, die Augen werden herausgeschnitten und der Ohrenknorpel entfernt. Dann kommt das Schwein an den Haken, wird ein scharfes Messer angesetzt. Ein Schnitt, nicht zu tief, wird etwa bis zur Mitte gezogen. Ein paar kleine Schnitte links und rechts, dann „fallen uns schon Dickdarm, Dünndarm, After, Milz und Magen in die Hand, alles schön eingepackt im Schweinenetz. Es riecht ein wenig, aber viel weniger schlimm, als die meisten sich das vorstellen", befindet Müller. Das Gekröse kommt auf einen separaten Tisch und wird gereinigt. Unter laufendem Wasser werden die Därme umgedreht und von allen Futterresten gesäubert.

Gut gewaschen stehen sie bereit für die Wurstfüllung – auch hier unterscheidet sich Müllers Methode von anderen Hausschlachtungen, wo sich kaum einer mehr Zeit zum Reinigen der Därme nehmen mag und die Wurst später in Kunsthüllen abgefüllt wird. Dort dampft zu diesem Zeitpunkt meist auch schon die Schlachtbrühe mit den ersten Abschnitten und allem, was bei der Weiterverarbeitung nicht gebraucht wird, also Teile von der Schwarte, Zunge, Knochen, manchmal auch die Füße und ein paar mittelgroße Stücke, die traditionell beim Frühstück der Hausschlachtung als Sudfleisch gegessen werden.

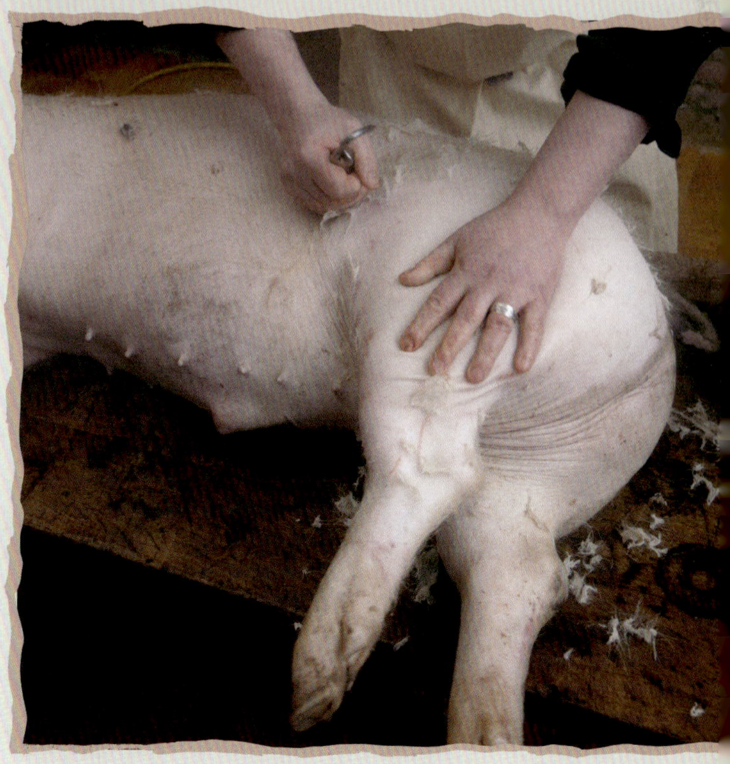

Mit dieser Mahlzeit überbrücken viele auch die nun fällige Zwangspause, weil der Tierarzt zunächst die vorgeschriebene „Schlachttieruntersuchung" durchführen muss. Bei Müller wandert jedoch nur ein Teil der Abschnitte in die Schlachtbrühe, den Rest verarbeitet er lieber in seinen Wurstrezepten – auch die Blase, die man früher gereinigt, aufgeblasen und zum Trocknen aufgehängt hat. Nach ein paar Tagen bekamen die Kinder dann einen neuen Fußball.

Nach der Freigabe durch den Tierarzt schneidet Müller das Schwein bis zum Kopf auf, im Schlachterjargon „Aufschlossen und Ausnehmen" genannt. „So kann man das Geschlinge in einem Stück herausnehmen. An diesem Strang hängen Leber, Herz, Lunge, Speise- und Luftröhre. Leber und Herz schneiden wir ab und säubern sie von Blut und dicken Arterien." Auf Lunge und den Rest vom Geschlinge warten schon die beiden Hofhunde mit freudigem Schwanzwedeln. „Jetzt trennen wir zuerst mit einem großen Hackbeil und vorsichtigen Schlägen das Schwein zwischen den Keulen. Die zwei Hälften legen wir auf einen Tisch, um mit dem Zerteilen beginnen zu können. Der Kopf wird abgeschnitten und zusammen mit Füßen, Ohren, Brust, Bauchlappen, Zunge, Schwänzchen und ein paar fetteren Teilen von der Schulter und Keule in einem kleineren Kessel gekocht."

Das dicke Bugstück, Oberschale, Unterschale, Nuss, Rolle, Hüfte, Filet, Rücken, Bauch und Hals werden beiseitegeräumt und kühl gestellt. Später, in Berlin, entstehen daraus Schinken, Braten, Schnitzel, Koteletts, Bratwurst oder luftgetrocknete Würste. Der fette Rückenspeck (Grüner Speck) wird eingesalzen zu Lardo verarbeitet. „Den Rest schneiden wir für die Hausmacherwurst in kleine Würfel. Vom Flomen (Nierenfett) wird die Niere getrennt. Das alles lassen wir durch die grobe Scheibe des Fleischwolfes. Zusammen mit Zwiebeln, Äpfeln, Majoran, Salz und Pfeffer gibt es das beste Schmalz ab. Die Niere schneiden wir gleich klein und braten sie mit Zwiebeln, Majoran und Knoblauch in einer Pfanne an. Das wird als erstes Frühstück serviert, es gibt ein leckeres Bier dazu. Natürlich darf da auch ein erstes Schnäpsle nicht fehlen."

Beim sogenannten Warmwursten wird das Fleisch noch schlachtwarm weiterverarbeitet. Für die spätere Wurst ist das ein entscheidender Vorteil, denn die ersten Zersetzungsprozesse der Fleischfasern werden beim Wursten mit kaltem, ein bis zwei Tage altem Fleisch vom Metzger oft mithilfe von Phosphaten rückgängig gemacht – als „Kutterhilfsmittel" erhöht dieser (deklarationspflichtige und gesundheitlich umstrittene) Zusatzstoff die Wasserbindungsfähigkeit des Fleisches und damit die Schnittfestigkeit der späteren Wurst.

NITRITE SALT 0.5%
WITH IODINE

Wolfgang Müller lehnt das ab, er bereitet seine Hausmacherwurst lieber sofort zu. Er holt das weiche Kochfleisch aus dem Kessel. Noch heiß befreien sie den Kopf und die restlichen Teile von den Knochen, Knorpeln und ein paar verbliebenen Borsten und lassen alles durch den Fleischwolf laufen. In der Zwischenzeit wird die Leber gebrüht und ein stattlicher Berg Zwiebeln für die Leberwurst gekocht. Beides kommt ebenfalls durch den Wolf. In einer Schüssel mischen sie einen Teil des Fleisches mit Leber, Zwiebeln, Majoran, Salz und Gewürzen: „Da die Wurst beim Kochen noch sehr nachzieht, wird die Mischung gut abgeschmeckt; so stark, dass man meint, sie sei versalzen. Sie kommt in den Dünndarm. Für die normale Blutwurst wird das Blut mit den Speckwürfeln, Zwiebeln, Majoran, Salz, Gewürzen und einem guten Schuss Rahm gemischt und ebenfalls in den Dünndarm abgefüllt. Die Zungen schneide ich in kleine Würfel. Mit Fleisch und Speck wird sie zur restlichen Blutwurstmasse gegeben, diese fülle ich in die Enddärme für die Zungenwurst ab. Der Magen wird mit Fleisch, Petersilie, Karotten, Kartoffeln und Zwiebeln gefüllt und ergibt einen prima Saumagen. Zu Hause in der Küche werden dann noch Bratwürste und luftgetrocknete Schinken und Specksorten gemacht." Nach dem Abdrehen und Binden wandern die Würste in den Kessel, in dem zuvor das Fleisch gekocht wurde. Sie werden bei 80 °C gebrüht. Erst wenn sämtliche noch heilen Würste entnommen sind, gibt es endlich das, worauf sie alle sich seit Stunden schon freuen – die Metzelsuppe: „Ein paar Würste sind natürlich geplatzt, alles Dicke wird herausgeholt, die gute Brühe, die gute Suppe. Ein herrlicher Duft. Das zweite Frühstück ist angerichtet, mit gerösteten Schwarzbrotwürfeln und frischer Petersilie verfeinert. Die volle Kraft von Fleisch, Zwiebeln und den Würsten steckt in dieser Essenz. Das gibt Tinte auf den Füller."

Oder Müller füllt die Wurstmassen in Gläser, so fehlt zwar am Ende die würzige Metzelsuppe, aber wer sagt, dass es deswegen nichts Gutes zu essen gibt? Außerdem lassen sich die Gläser leichter befüllen und sind besser zu lagern.

Ein arbeitsreicher Tag, mit vielen Gefühlen, Gerüchen und Gedanken neigt sich dem Ende zu. Für Wolfgang Müller ist es immer wieder „großartig, wenn das Kühlhaus mit selbst gemachten Würsten und Schinken voll ist. Und vor allem weiß ich, was drin ist. Nichts außer Natur und natürlich dem Respekt davor, dass es Leben gekostet hat. Klar, nicht jeder kann ein Schweinchen zu Hause im Garten stehen haben, aber man kann sich überlegen, wo das Produkt der Begierde herkommt. Wie es aufgewachsen ist und was es zum Fressen bekommen hat. Esst einfach weniger billiges Zeugs. Dann haben auch die Tiere eine Chance, so aufzuwachsen und zu gedeihen, wie es die Natur eigentlich vorgesehen hat".

ZERLEGEN

ZERLEGTE SCHWEINEHÄLFTEN

UND IHRE TEILSTÜCKE

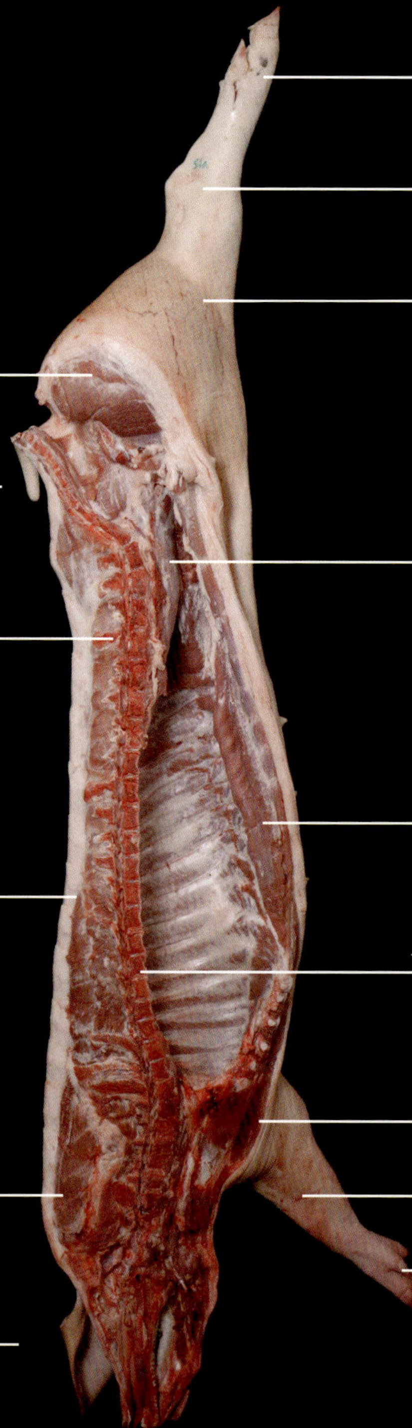

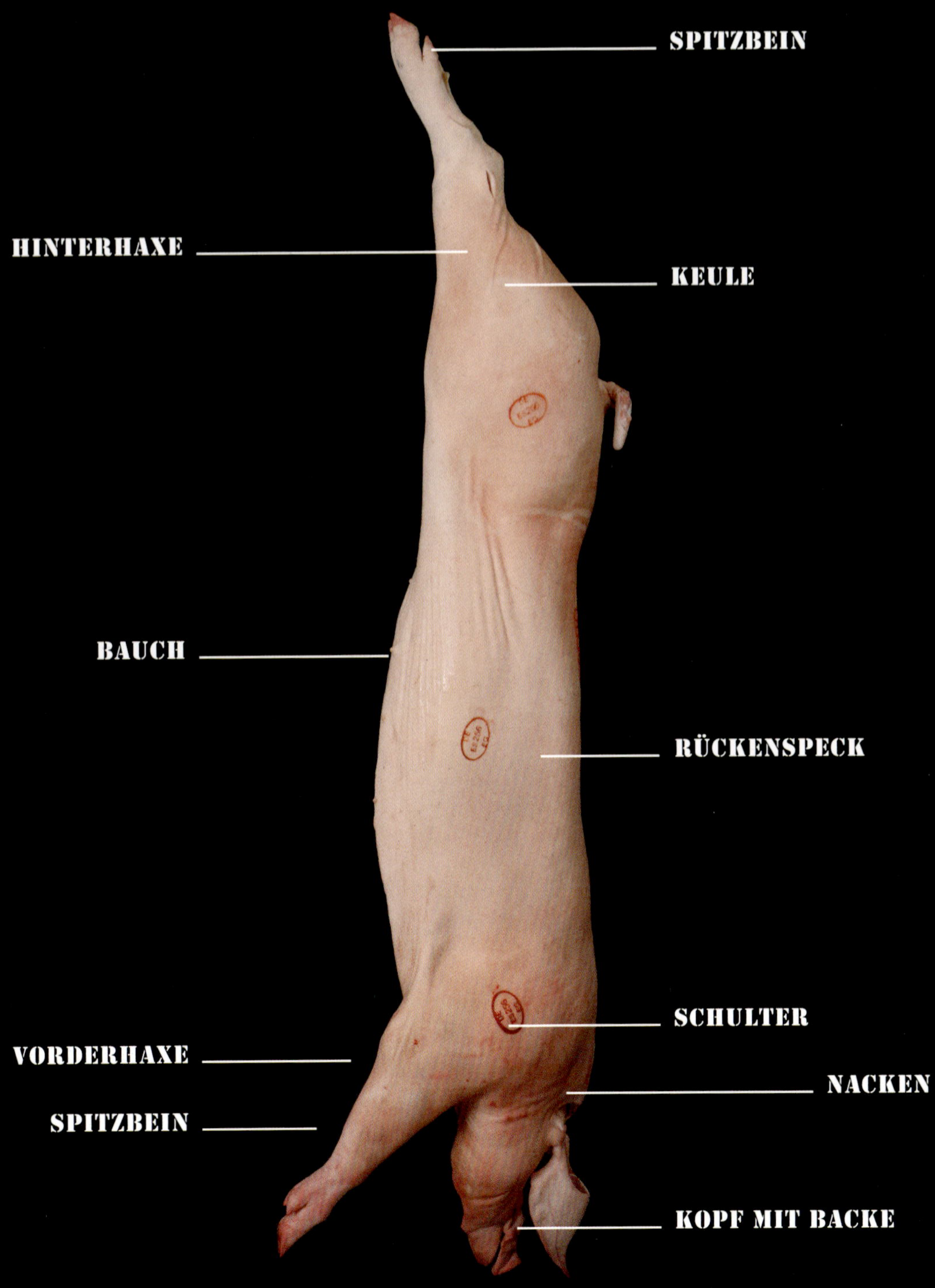
SPITZBEIN
HINTERHAXE
KEULE
BAUCH
RÜCKENSPECK
SCHULTER
VORDERHAXE
NACKEN
SPITZBEIN
KOPF MIT BACKE

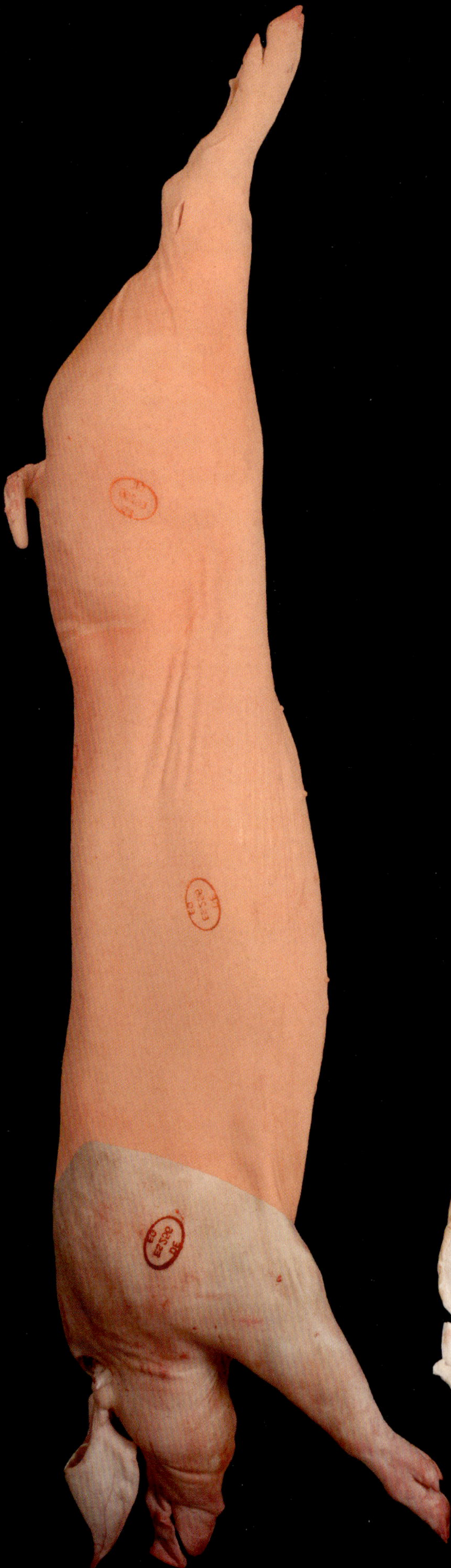

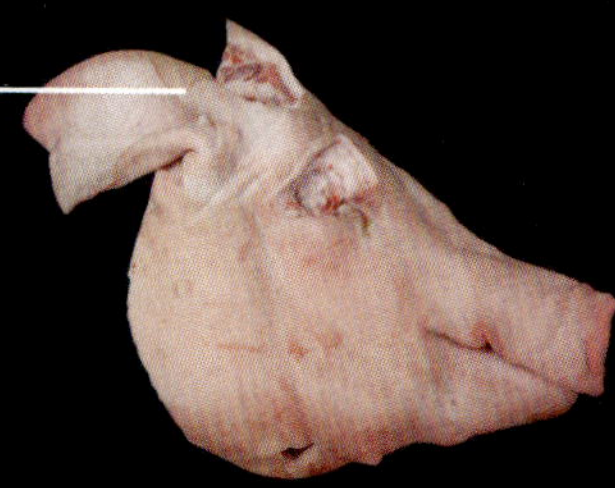

KOPF MIT BACKE

Die Backe (österr.: Göderl) ist das sehr fette Teilstück, das geräuchert z. B. in den Grünkohl kommt. Die mageren Bäckchen sind als extrem zarte Schmorstücke bei Feinschmeckern beliebt. Aus dem Rest des Kopfes (ohne Hirn) wird wegen des hohen Gelatineanteils meist Wurst, Presssack oder Sülze hergestellt.

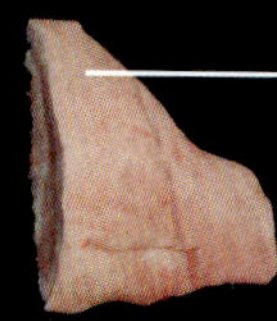

BACKE

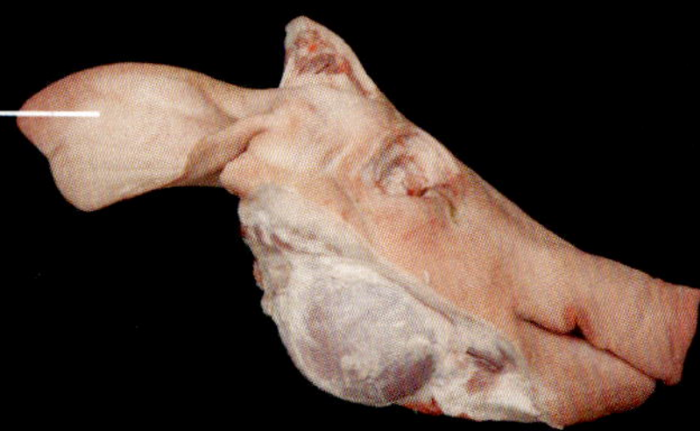

KOPF OHNE FETTBACKE

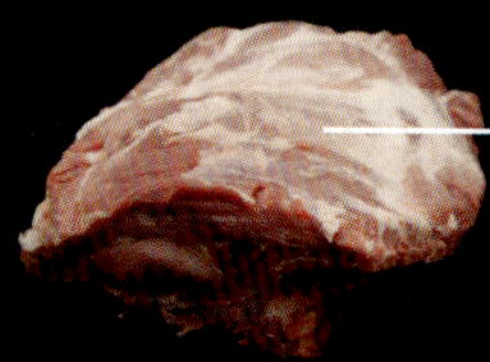

NACKEN

Auch Kamm oder Halsgrat genannt (österr.: Schopfbraten). Die starke Marmorierung macht das Teil zu einem beliebten Schmorstück (Schweinepfeffer, Gulasch, Geschnetzeltes). Es wird auch geräuchert oder gepökelt angeboten. In Scheiben geschnitten gibt es die „Nackenkoteletts" auch als „Holzfällersteaks".

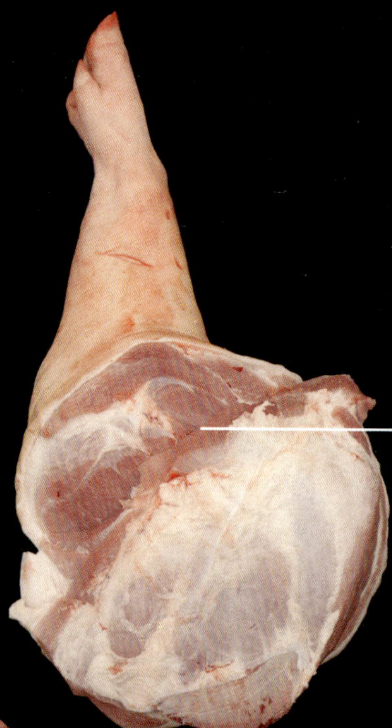

SCHULTER MIT KNOCHEN

Wird manchmal als komplettes Teil mit dem Spitzbein als stattlicher Schweineschulterbraten angeboten. Durch den großen Knochen in der Mitte und die fast umlaufende Schwarte liefert die Schulter einen der saftigsten Schweineschmorbaten mit krosser Kruste.

VORDERHAXE MIT SPITZBEIN

Das Vordereisbein (österr.: Stelze) wird gekocht, gepökelt (z. B. für Eisbein mit Sauerkraut), selten auch gegrillt – hierfür eignet sich das obere Spitzbein von den Hinterläufen (die Hinterhaxe) besser. Nicht nur in Bayern als knusprige „Schweinshaxe" beliebt.

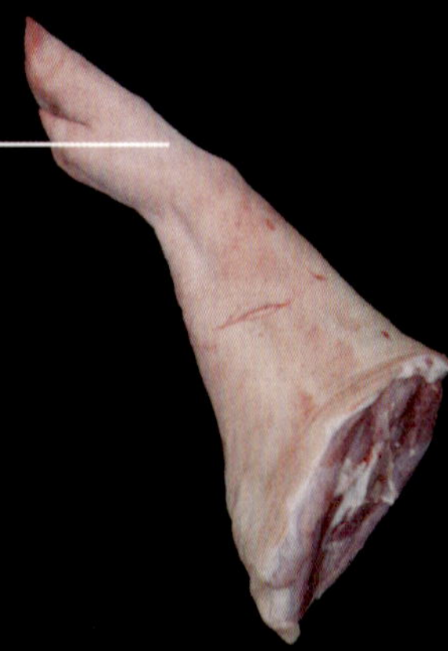

AUSGEBEINTE SCHULTER

Schulter ohne Knochen und Spitzbein. Aus ihr werden die Bugstücke geschnitten, sie kann aber auch im Ganzen geschmort werden. Die bei diesem Zuschnitt anfallenden Abschnitte finden sich meist im Hackfleisch oder im Rollbraten wieder.

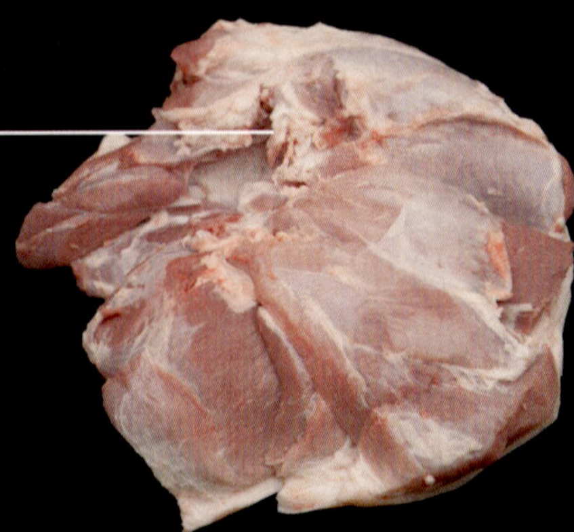

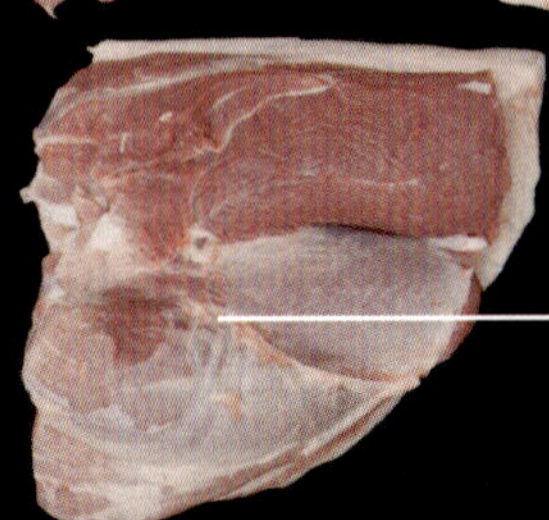

DICKER BUG

Die Schulter wird meist ausgelöst, also ohne Knochen, in mehreren Teilen angeboten. Der Dicke Bug liefert erstklassiges Ragoutfleisch, saftige Bratenstücke und passende Teile zum Zubereiten von Farcen und Pasteten. Hackfleisch aus dem Dicken Bug ist die perfekte Frikadellenzutat.

BUGSTÜCK

Der Teil der Schulter, der nahe am Schulterblattknochen liegt. Entbeint als Schuft verkauft, liefert dieses Stück bei einem speziellen Zuschnitt in Süddeutschland mit dem y-förmigen Blattknochen die Spezialität Schäuferle (als Schmorbraten), die im Badischen auch als gepökeltes Schäufele angeboten wird.

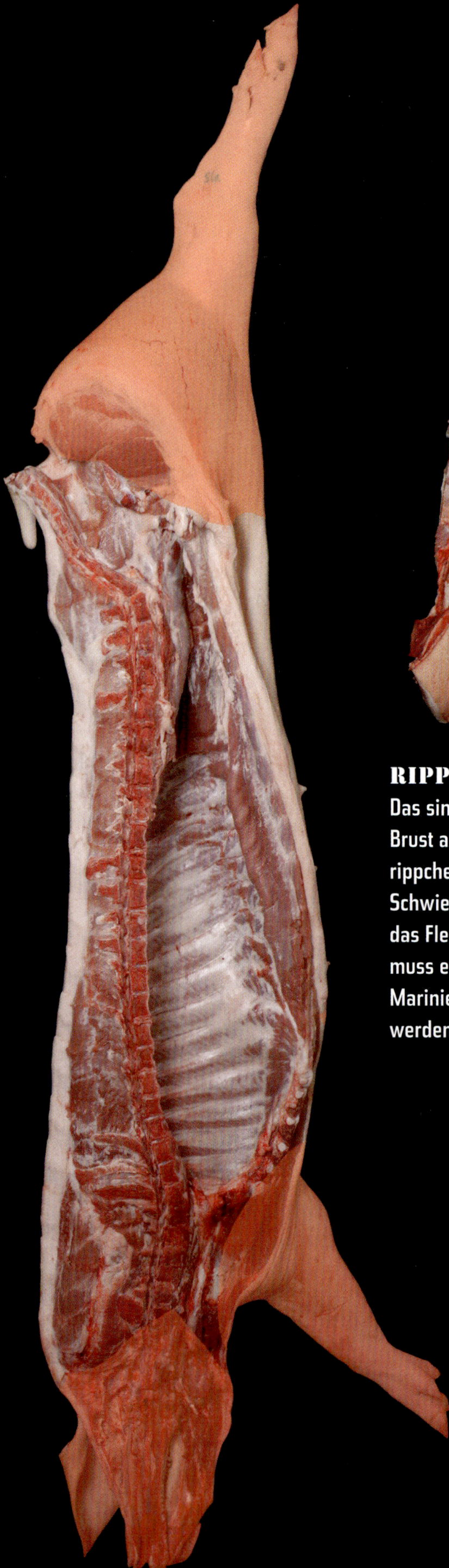

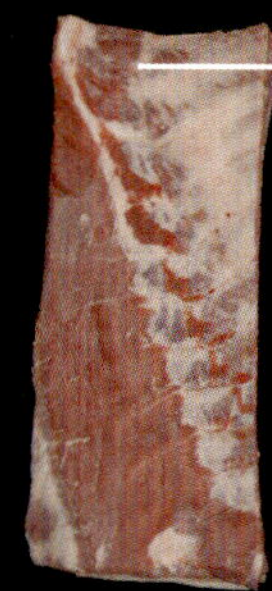

SCHWEINEBAUCH ZUGESCHNITTEN

In Bayern auch Wammerl (österr.: Ripperl) genannt. In Scheiben geschnitten ein beliebtes Kurzbrat- und Grillstück, gepökelt oder geräuchert als Einlage für Kohlgerichte und Suppen geeignet.

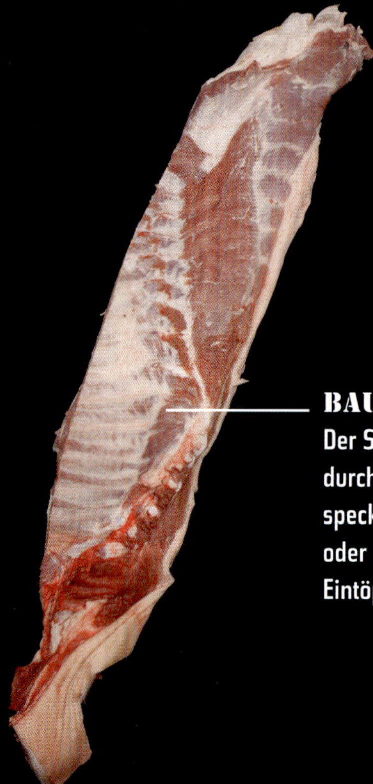

BAUCH UND BRUST

Der Schweinebauch liefert Speck aller Art – durchwachsenen Räucherspeck, Frühstücksspeck, sehr saftiges Grillfleisch mit Schwarte oder er dient als Einlage von Kohlgerichten und Eintöpfen.

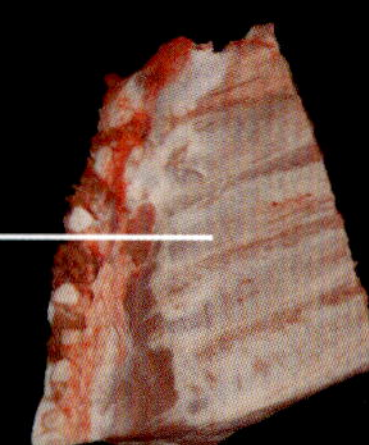

RIPPCHEN

Das sind die von Bauch und Brust abgeschälten Schälrippchen – die Spareribs. Schwierig zuzubereiten, denn das Fleisch an den Knochen muss erst durch Vorgaren und Marinieren grillfertig gemacht werden.

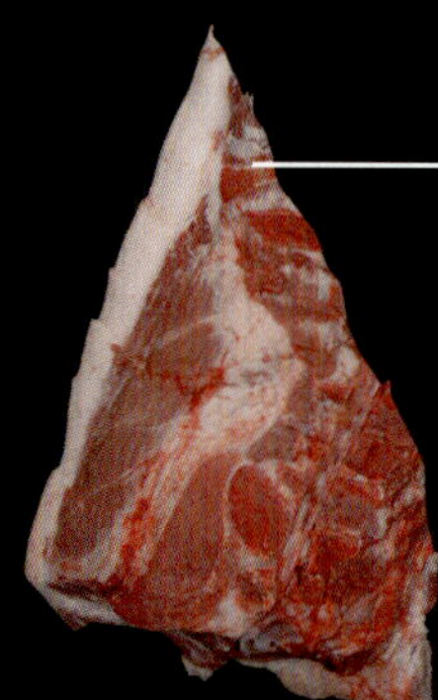

WAMME

Das Doppelkinn des Schweins, auch Stich (österr.: Zwerchried) genannt. Diese von der Kehle bis zur Brust herabhängende Haut-/Fleischfalte liefert in Asien ein wegen seines hohen Fettgehaltes begehrtes Schmorstück.

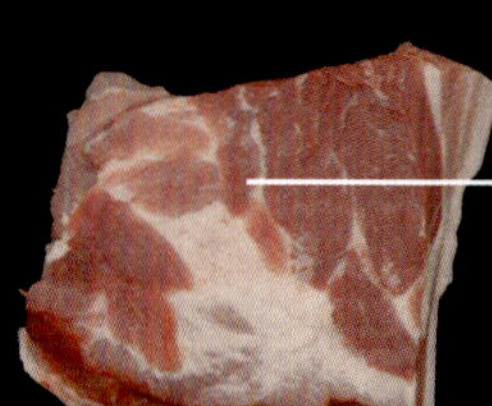

BRUST OHNE KNOCHEN

Bekannt als Dicke Rippe oder Brustspitz. Sehr stark durchwachsen, deshalb zum Grillen, aber auch zum langsamen Schmoren geeignet.

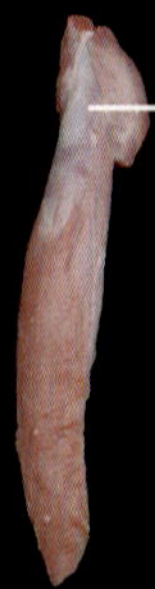

FILET GEPUTZT

Auch Lende genannt. Sehr zartes, saftiges Teil. Kann im Ganzen als Braten (oft in Teigmantel oder süßlich gefüllt) oder in Scheiben als Kurzbratstück (Medaillons) zubereitet werden.

GANZER RÜCKEN MIT NACKEN UND FILET

Neben dem Filet sind hier die quer geschnittenen Stielkoteletts (gepökelt: Kasseler Rippchen) mit Rippen und Wirbelknochen (österr.: Karree) und das längs ausgelöste Rückenstück wichtig, das im Ganzen als magerer Braten oder Kurzgebratenes wie (Schmetterling-)Steak oder Minutenschnitzel zubereitet wird.

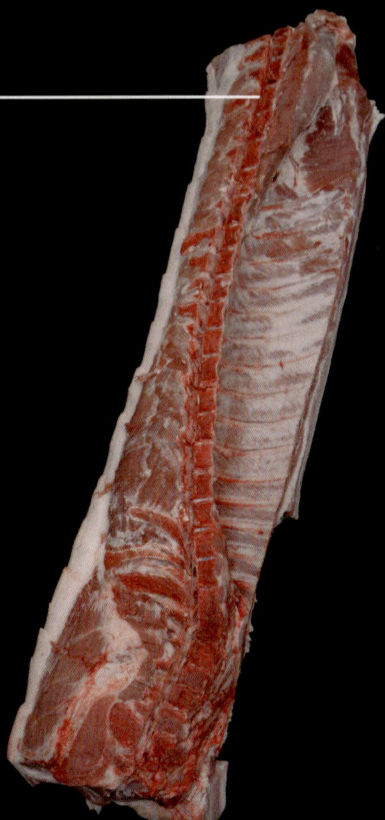

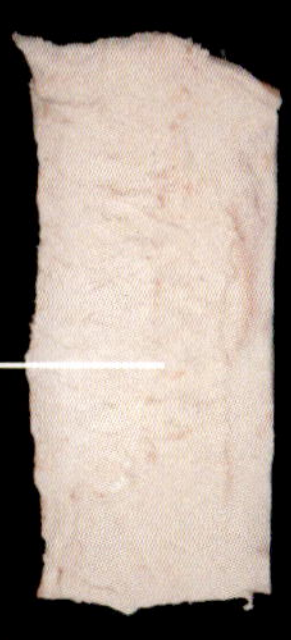

RÜCKENSPECK ODER GRÜNER SPECK

Der reine, schiere Speck ohne Fleischeinlagerungen. Wird meist zum Spicken, Bardieren, Füllen von Rouladen oder Auskleiden von Pastetenformen, aber auch zur Herstellung von Lardo (gesalzener und gewürzter Speck, der in Marmorbehältern reift) verwendet.

KEULE UND SCHWÄNZCHEN

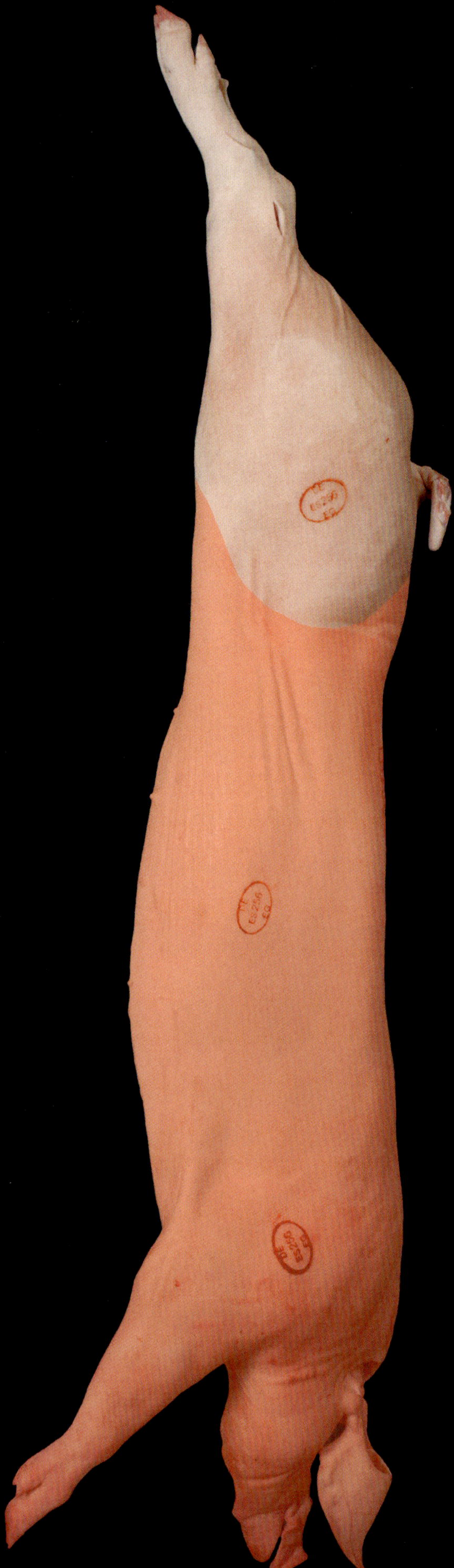

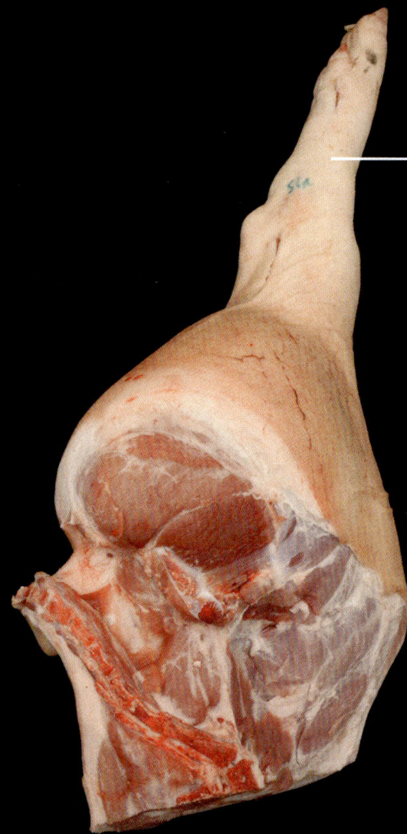

KEULE

Das begehrteste Stück am Schwein, denn daraus werden Schinken aller Art hergestellt. Der Hintern mitsamt Oberschenkel kann im Ganzen, also mit Knochen, zu Schinken verarbeitet werden – zum Beispiel zu dem bekannten Jamon Ibérico, der mit einem scharfen Messer direkt vom Knochen gehobelt wird.

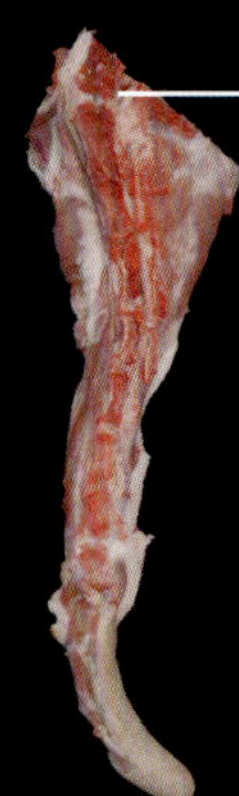

SCHWÄNZCHEN UND SCHWANZFEDERKNOCHEN

Wenig Fleisch, viel Kollagen und vor allem Knochen machen dieses Stück zu einer begehrten Zutat von gemischten Schmorgerichten und – oft zusammen mit den Füßen – auch für Sülzen. Kenner schätzen es dagegen auch pur, meist paniert oder gegrillt.

AUSGEBEINTE KEULE

Die Keule ohne Knochen eignet sich zur Herstellung von gekochtem Schinken, ist aber auch hervorragend zum Braten und Schmoren geeignet. Meist wird die Keule hierfür in mehrere Teile wie Unterschale, Oberschale oder Nuss zerteilt.

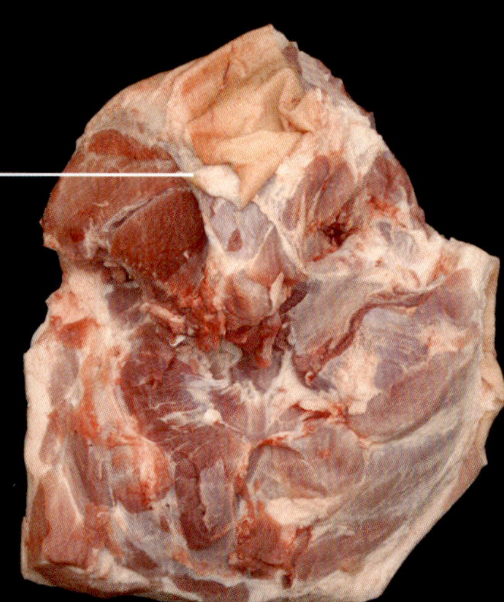

ZERLEGTE KEULE

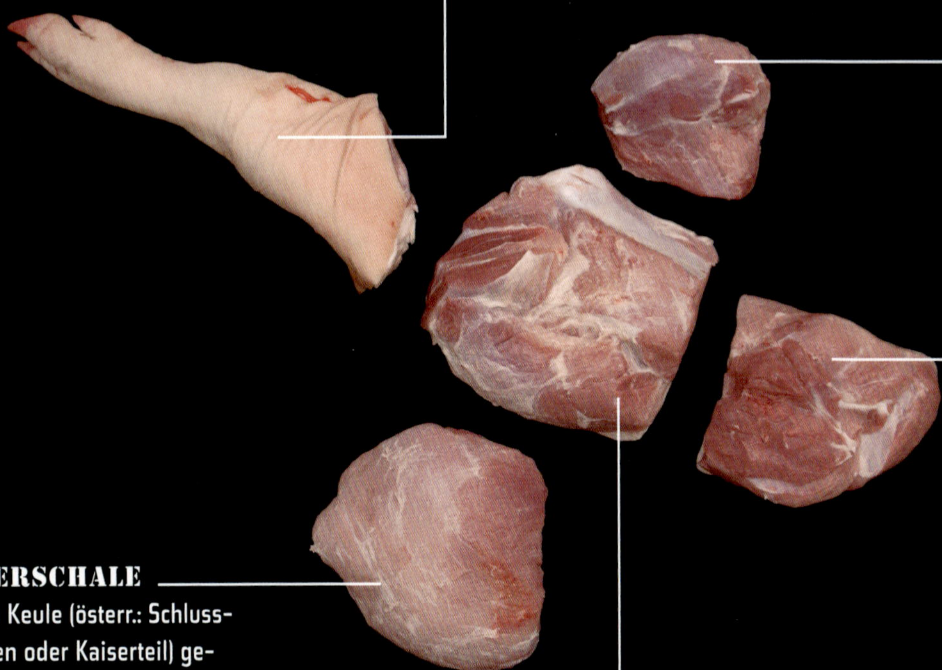

HINTERHAXE MIT SPITZBEIN

Zwischen dem Knie- und den Fußwurzelgelenken wird das Hintereisbein abgetrennt, es ist etwas weniger fleischig als sein vorderer Verwandter.

NUSS

Die Nuss, auch Kugel bzw. österr. Ortschwanzl genannt, ist das begehrteste Teilstück der Keule. Das Fleisch der Nuss ist so zart, dass es beim Fondue sogar das Filet ersetzen kann. Gepökelt und geräuchert auch als „Nussschinken" im Handel.

HÜFTE

Neben der Schulter ist der auch als Schinkenspeck bezeichnete obere Keulenteil das klassische Stück für den Schweinebraten. Zart, mager und mit einer ordentlichen Schwarte für eine knusprige Kruste.

OBERSCHALE

Auch Keule (österr.: Schlussbraten oder Kaiserteil) genannt. Dieses Teil liefert die besten und größten Schnitzel, aber auch Schweinerouladen, mageres Bratenfleisch und extrem zartes Gulasch.

UNTERSCHALE MIT ROLLE

Etwas stärker durchwachsen als die Oberschale. Guter Braten (auch im Ganzen) und Ausgangsprodukt für gekochten Hinterschinken. Für Schnitzel und andere Kurzbratzwecke meist zu fett.

INNEREIEN

Gebratene Leber, saure Nieren, ganz selten vielleicht noch geschmortes Herz – am heimischen Herd sind die Innereien vom Schwein inzwischen selten gesehene Gäste. Das liegt zum einen daran, dass Innereien heute nicht mehr zum kulinarischen Alltag gehören. Zum anderen haben gerade die Organe des Schweins, im Vergleich zu den Innereien vom Kalb, einen sehr ausgeprägten und für viele Esser als zu intensiv empfundenen Eigengeschmack. Doch Wolfgang Müller weiß, wie man aus diesen vermeintlich minderwertigen Teilen des Schweins hochklassige Gerichte zubereitet: „Lungen-Herz-Strudel", „Saures von Herz, Leber und Niere", „Gefüllte Milz auf Kürbispüree" oder gar „Hirnsoufflé mit glaciertem Flussaal und Wurzelgemüse" – meisterlich zubereitet wird jede Innerei zu einem kulinarischen Gedicht.

Die **LEBER**, das Hauptorgan zur Regelung des Stoffwechsels, kann qualitativ beim Schwein nicht mit der Zartheit der Kalbsleber mithalten, selbst wenn man sie erst nach dem Braten würzt. Deshalb wird sie selten zum Kurzbraten eingesetzt, für Pasteten, Terrinen und natürlich zur Wurstherstellung ist sie aber unverzichtbar. Es sollten allerdings nur Lebern von jungen Schweinen aus guter Haltung benutzt werden, da sich in diesem Organ Schadstoffe anreichern können.

Die **LUNGE** ist durch häufig gemachte Fehler bei ihrer Standardzubereitung, also sauer abgeschmeckt, in Verruf geraten. In der Tat ist der Kochklassiker „Saures Lüngerl" (österr.: Beuschel), in dem Lunge und Herz die Hauptrolle spielen, ein aufwendig herzustellendes Gericht, das keine Ungenauigkeit verzeiht – richtig zubereitet ist es jedoch ein großer Genuss.

Das **HIRN** taucht heute, ähnlich wie die **MILZ** und die **ZUNGE**, fast nur noch in Brühwürsten wie Gelb-, Milz- oder Zungenwurst auf – dann

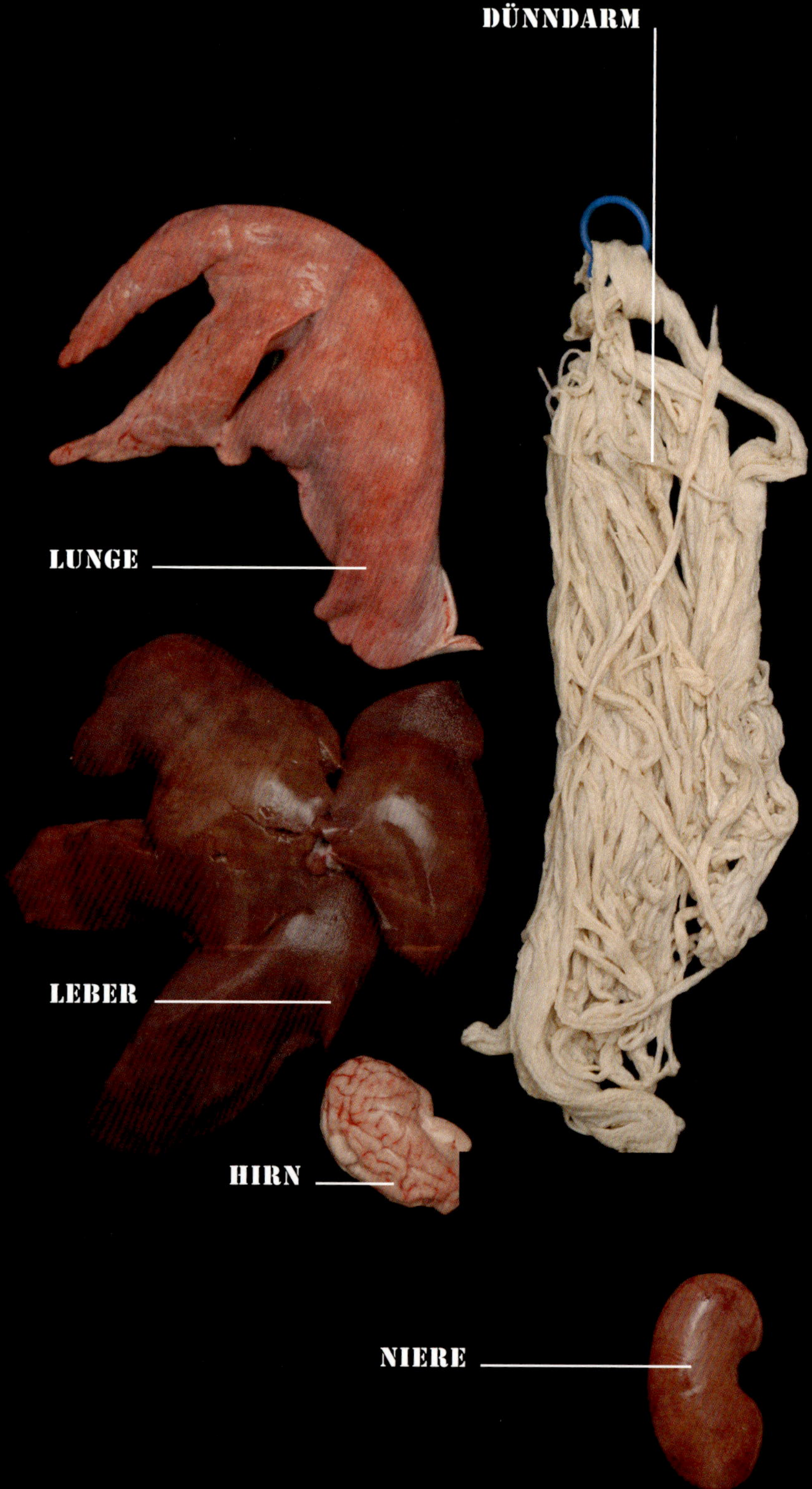

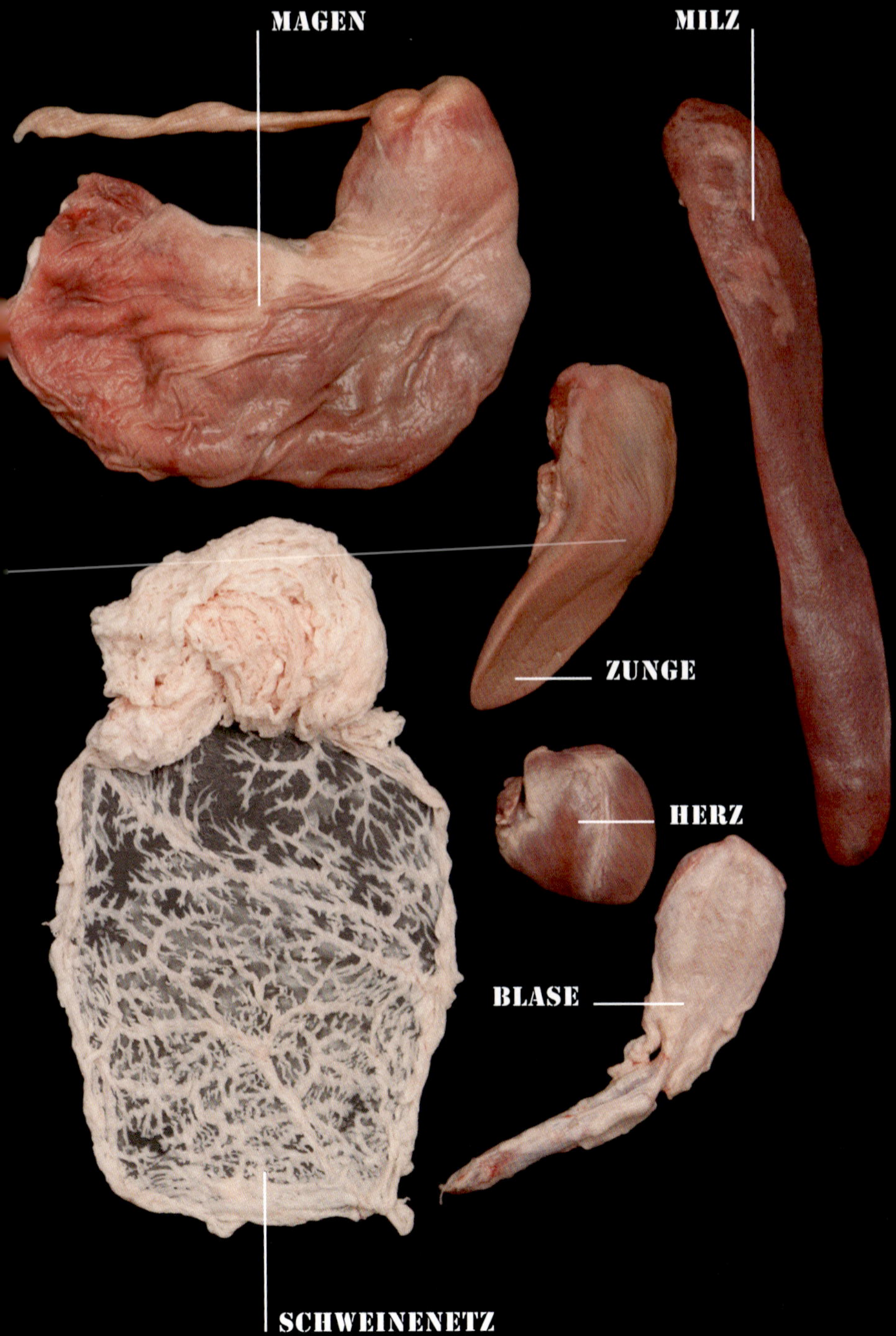

allerdings stammen diese Innereien meist vom Schwein. In der Küche hat Schweinehirn keine Bedeutung mehr. Für die klassischen Hirngerichte wie paniertes und in Butter ausgebackenes oder in Court-Bouillon pochiertes Hirn wird meist das Organ des Kalbs benutzt.

SCHWEINEZUNGEN gelten dagegen als Geheimtipp für Feinschmecker. Sie werden gerne gepökelt, gekocht oder nach dem Kochen geräuchert, so wie in Wolfgang Müllers Rezept „Geräucherte Schweinezungen mit Steckrübengemüse".

Auch die **SCHWEINENIEREN** sah man früher häufiger auf Speisekarten. Klassiker sind sauer gekochte oder in Scheiben geschnittene und im eigenen Nierenfett gebratene Nieren. In den Handel gelangen nur Nieren von jungen Tieren, und selbst bei diesen muss manchmal der vorstechende Harngeruch durch Einlegen in Milch beseitigt werden. Das Nierenfett dient der Herstellung von Schmalz, Confits und wird zum Backen, Braten und Frittieren verwendet.

Das restliche Gekröse wie **MAGEN, BLASE, SCHWEINENETZ** oder der **DÜNNDARM** dient vor allem als natürliche Umhüllung für Speisen oder Würste. In ein gut gewässertes Schweinenetz werden zum Beispiel in der Sterneküche empfindliche, komplex aufgebaute Gerichte aus Taubenbrüstchen, Fisch oder Krustentieren straff eingewickelt und gegart (sog. Crépinette). Der Dünndarm wird auch Bratdarm genannt, weil er sich hervorragend als Hülle für Brat- und Knackwürste eignet, während der Magen eher zur Herstellung von Presssack, Zungenwurst oder dem Pfalz-Klassiker Saumagen dient. Die Harnblase kann Presskopf und verschiedene Kochwurstsorten umhüllen – wenn die Kinder sie nicht zu Luftballons oder Fußbällen umfunktionieren.

VERWENDUNGSTABELLE

	KOCHEN, EINTÖPFE	STEAKS, SCHNITZEL	BRATEN, FRITTIEREN	SCHMOREN	RAGOUT, GULASCH
Spitzbein	x				
Eisbein	x		x	x	x
Oberschale		x	x		
Unterschale		x	x	x	x
Nuss			x	x	x
Nudel	x		x	x	
Hüfte		x	x	x	x
Filet		x	x		
Lende		x	x		
Kotelett		x	x		
Bauch	x		x	x	x
Rippchen	x		x		x
Nacken		x	x	x	x
Dicker Bug	x		x	x	x
Bugblatt			x	x	x
Schaufelstück	x		x	x	x
Falsches Filet			x		
Backe	x			x	x
Ohr	x				
Nase	x				
Schwanz	x				
Schwarte	x				
Herz	x			x	x
Leber			x		x
Niere			x		x
Lunge	x			x	x
Milz	x			x	
Magen	x		x		
Därme	x		x		
Hirn	x		x		
Zunge	x			x	x

CONFIT	RÄUCHERN	PÖKELN, SCHINKEN	WURST	GRILLEN	
		x			Spitzbein
x		x	x		Eisbein
		x	x	x	Oberschale
		x			Unterschale
x	x	x			Nuss
	x	x			Nudel
x	x	x		x	Hüfte
		x		x	Filet
	x	x		x	Lende
	x	x		x	Kotelett
x	x	x	x	x	Bauch
x	x	x	x	x	Rippchen
x	x	x		x	Nacken
x	x	x	x	x	Dicker Bug
x		x			Bugblatt
x	x	x	x		Schaufelstück
	x	x			Falsches Filet
x	x	x	x		Backe
		x	x		Ohr
		x	x	x	Nase
		x	x		Schwanz
		x	x		Schwarte
		x	x		Herz
			x	x	Leber
				x	Niere
					Lunge
			x		Milz
			x		Magen
			x		Därme
			x		Hirn
	x	x	x	x	Zunge

LÖSEN VOM RÜCKENSPECK DES KOTELETTSTÜCKS

IN DER FLEISCHEREI JÖRG STAROSKE

„Vom Muskelaufbau her gesehen, sind alle Säugetiere gleich". Keine Frage, hier spricht ein Mann vom Fach: Jörg Staroske ist einer der Top-Fleischer im neuen Berliner Regierungsviertel. Er könnte eine Schweinehälfte auch mit verbundenen Augen zerlegen. Aber warum sollte er, wo doch absolute Präzision eines seiner Markenzeichen ist: „Bei jedem Tier sind Details verschieden, da muss man sehr genau arbeiten."

Staroske schlachtet wie alle anderen Fleischer Berlins nicht selbst, er bezieht sein Schweinefleisch dafür von der Erzeugergemeinschaft „Landjuwel", die eigens dafür Tiere aus einer Vierlinienverkreuzung züchtet – Deutsche Landrasse, Deutsches Edelschwein, Hampshire und Pietrain. Das ist zwar kein Biofleisch, „es hat aber eine über Jahre stets gleichbleibende Spitzenqualität. Jede Schweinehälfte ist immer auch ein wertvolles, individuelles Stück Natur." Bei Staroske wird denn auch nichts weggeworfen. Den Schweinekopf verarbeitet er zur Sülze und auch für die Füße gibt es immer ein paar „Stammkunden, die das Fleisch gern abknabbern."

Der Rest des Schweins landet nach dem Zerlegen in Staroskes Verkaufstheken als Schnitzel, Kotelett oder als Braten, mit oder ohne Knochen. Und wenn ein Kunde mal einen speziellen Zuschnitt wünscht, ist Staroske sofort zur Stelle. Auch, um etwaige Missverständnisse abzufangen, wenn einer mal wieder bei einem Fernsehkoch das Rezept für Schweinebäckchen aufgeschnappt hat und im Laden ein Pfund Schweinebacken verlangt: „Backen sind natürlich die ganz fetten Stücke, die geräuchert in den Grünkohl kommen, die Bäckchen dagegen bestehen nur aus dem Magerfleisch am Knochen". Muss man wissen. Genauso wie den Unterschied zwischen einem Kotelett und dem typisch Berliner Zuschnitt Kotelettrippchen: „Das Kotelettrippchen ist größer, denn es bleibt noch ein Teil vom Bauch mit dran."

Doch egal, ob Backe, Rippe oder Kotelett mit Fettrand – Staroske ist froh, wenn Kunden nicht immer nach den heute so beliebten ganz mageren Stücken verlangen, sondern nach saftigen Teilen mit gesunder Marmorierung.

Lösen des Rückenspecks vom Rücken

Der Speck wird vom Hals gelöst

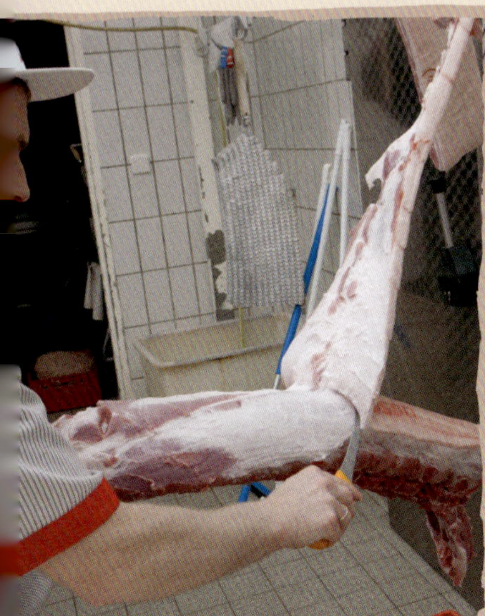

Putzen des Rückenspecks

Rückenspeck oder Grüner Speck

ZERTEILEN VON BAUCH UND BRUST

EIN LECKERES REZEPT ZU DEN AUSGELÖSTEN RIPPCHEN GIBT ES AUF SEITE 204

Abtrennen der Brust vom Bauch

Knochen von der Brust lösen

Brustrippchen

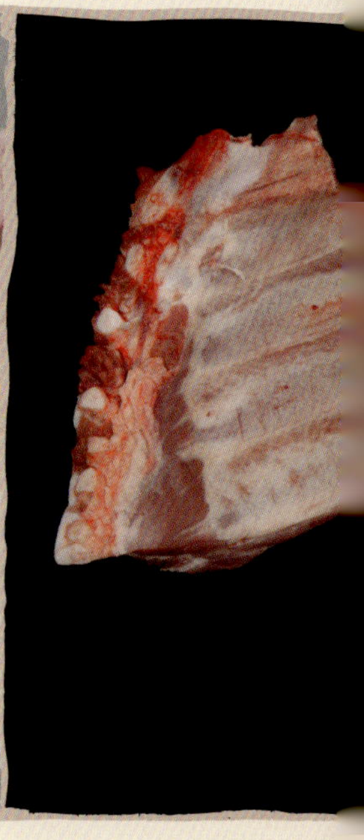

Fleischerei
Staroske

REZEPTE

WURST

NUR WER DIE WURST SELBST MACHT, WEISS WAS DRIN IST!

Und wer wurstet, hat die gleiche Arbeit, egal ob er 10 Kilogramm oder nur 5 Kilogramm Schwein verarbeitet. Also: Am besten wird zu mehreren gewurstet, so kann jeder mit einer schönen Beute nach Hause gehen.

Sicherlich gibt es heute bequemere Arten Würste zu füllen, als die Naturdärme bei einer Hausschlachtung noch gefüllt aus dem schlachtfrischen Tier zu holen. Dünndarm, Dickdarm, Enddarm, Magen und die Blase brauchen viel Wasser, bis wir sie füllen können. Unter fließendem Wasser müssen sie von innen und außen mehrfach gereinigt werden. Erst dann sind sie als Wursthüllen einsatzbereit.

Doch Naturdärme haben bei einer Hausschlachtung riesige Vorteile: 1. sind sie sowieso da, 2. kosten sie daher praktisch nichts, und 3. nehmen sie beim Kochen und Räuchern den Geschmack viel besser an als moderne Kunstdärme.

Klar muss man heute kein Schwein mehr selbst schlachten, um an Därme zu kommen. In der Regel bekommt man geputzte, saubere Därme, Mägen oder Blasen bei jedem gutem Schlachter, in gut sortierten Feinkostläden, in Fleischereibedarfsläden oder natürlich über das Internet. Übrigens putzen die wenigsten Metzger das Gedärm heute noch selbst, auch sie beziehen die Naturdärme bei Firmen, die sich auf so etwas spezialisiert haben.

Da es sich um ein Naturprodukt handelt, ist bei der Handhabung mit Naturdarm natürlich Vorsicht geboten. Auch noch so kleine Löcher, Risse oder Schnitte lassen die Würste beim Befüllen oder Kochen eher platzen. Werden die Würste gekocht, darf das Wasser nicht heißer als 80 °C sein, auch das würde die Würste platzen lassen.

Dann gibt es noch die Kunstdärme, die es in allen Größen, Farben und sogar mit Aufdrucken gibt. Ihre Maße werden zum Beispiel mit dem Kaliber 18/20 angegeben. Das heißt, dass der Darm einen Durchmesser von 18 Millimetern und eine Länge von 20 Zentimetern hat. (Auch diese bezieht man bei den oben genannten Stellen.)

Am einfachsten in der Handhabung ist das Abfüllen in Gläser oder Dosen. Gläser haben den Vorteil, dass man sie wiederverwenden kann, außerdem sind sie leicht zu lagern. Wichtig ist, dass beim Einfüllen nichts zwischen Glas und Gummi kommt, sodass die Dichtung komplett verschließt. Luft und Bakterien, die zum schnellen Verderb führen könnten, können so nicht eindringen.

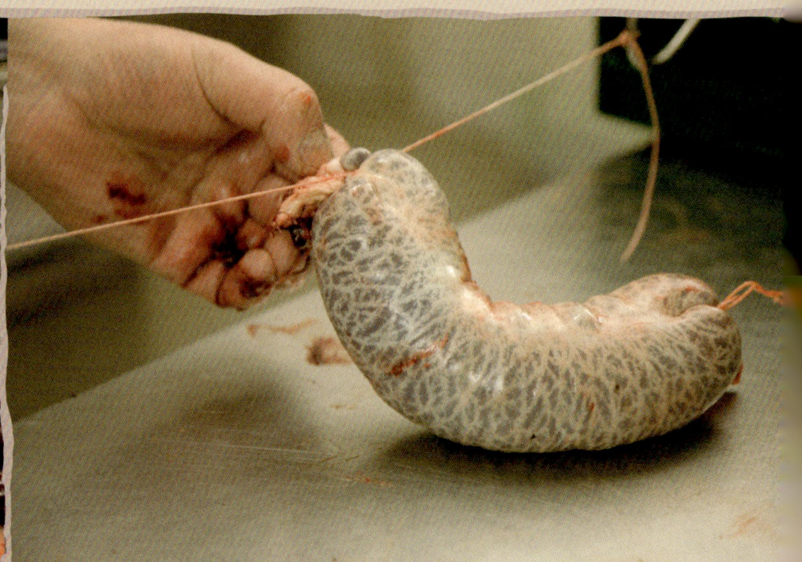

DIE TECHNISCHEN DETAILS

RUND UM DIE WURST

Vorbereiten der Därme

Naturdärme gibt es beim Metzger, sie sind meist stark gesalzen und so haltbar gemacht. Daher müssen sie gut gewässert werden. Zunächst eine halbe Stunde in kaltes Wasser einlegen und anschließend unter fließendem lauwarmen Wasser von innen und außen gut durchspülen.

Auch die Kunstdärme werden in der Regel kurz in kaltem Wasser eingeweicht, dann klopft man sie aus (damit sie trocken sind) und füllt sie.

Schweinemägen müssen mehrfach von innen und außen gesalzen und unter fließendem Wasser ausgespült werden, so löst sich der Schleim. Anschließend gut trocken reiben.

Verwendung der Därme

Blut- und Leberwürste, aber auch Bratwürste werden vorwiegend in Dünndärme gefüllt. Aber auch Dick- oder Enddärme eigenen sich für diese Wurstarten. Gröbere Würste wie Zungenwurst oder Schwartenmagen werden gerne in Schweinemägen gefüllt, mit etwas feiner geschnittenen Inhaltsstoffen lassen sich aber auch Enddärme gut befüllen. Natürlich können alle Wurstmassen auch in Gläser gefüllt werden!

Füllen der Därme

Die feinen Därme werden vorsichtig mithilfe eines Wurstfüllers (der sogenannten „Spritze"), Trichters oder Spritzbeutels befüllt, die größeren und auch die Schweinemägen unter Zuhilfenahme eines Esslöffels. Viele moderne Fleischwölfe haben heute auch einen Aufsatz zum Befüllen von Därmen. Einfacher wird das Befüllen, wenn man zu zweit arbeiten kann. Die Därme werden mit einem Wurstgarn verschlossen.

Im ehemaligen Kreuzberger Offiziersviertel in der Körtestraße, unweit vom Urbanhafen, findet sich Hammers Weinkostbar. In der einstigen Fleischerei verwöhnen Jürgen Hammer und Manuela Sporbert ihre Gäste mit allerlei Köstlichkeiten. Neben den besten Weinen aus ganz Europa und einer prall gefüllten Feinkosttheke mit Rohmilchkäse-, Wurst- und Schinkenspezialitäten haben üppig belegte Klappstullen einen festen Platz im Programm. Und seitdem die Hammers zusammen mit Wolfgang Müller wursten, haben Leberwurststullen Hochkonjunktur: Die Nachfrage nach Müllers hausgemachter Leberwurst ist sogar so groß, dass die Gläser rationiert zugeteilt werden müssen. Gut, dass Müller auf Seite 69 sein Leberwurstrezept verrät – so muss in Berlin hoffentlich keiner mehr unter Leberwurstentzug leiden. Und die Hammers können auch endlich selbst die Wurst in ihrem Laden genießen!

Soweit nicht anders angegeben lassen sich aus den aufgelisteten Zutaten etwa 100–120 Würste à 65 Gramm oder 30–40 Gläser à 220 Gramm herstellen.

NUTZUNG DER NATURDÄRME

Naturdärme vom Schwein
Dünndarm
Dickdarm
Enddarm (After)
Magen
Blase
Netz
Spanferkelmagen

Naturdärme vom Lamm
Dünndarm (Saitlinge)
Dickdarm
Magen

Naturdärme vom Rind
Meist nur der Dünndarm

GARZEITEN VON WURSTWAREN

Wurst im Darm
in maximal 80 °C heißem Wasser:
Saitlinge (Lammdärme): 30 Minuten
Schweinedärme (Dünndarm): 50 Minuten
Schweinedärme (Dickdarm): 80 Minuten
Schweinblase: 90 Minuten bei max. 80 °C
Schweinemagen: 180 Minuten
Spanferkelmagen: 140 Minuten
Kunstdarm Ø 120 mm: 130 Minuten
Kunstdarm Ø 300 mm: 240 Minuten

Wurst im Glas oder in der Dose
in 98 °C heißem Wasser
etwa 220 g Einwaage: 90 Minuten
etwa 400 g Einwaage: 130 Minuten
etwa 1 kg Einwaage: 190 Minuten

Pökelsalz kann wie normales Salz verwendet werden. Für Blut- und Leberwürste wird beim Hausschlachten in der Regel normales Salz verwendet. Wurst mit Einlagen (wie Zungenwurst) wird meistens mit Pökelsalz hergestellt, so bleiben die Stücke in der Wurst schön rosa.

HAUSGEMACHTE BLUTWURST

Zubereitungszeit 2 Stunden

5 l frisches Schweineblut
1 ½ kg Leberwurstbrät
1 ½ l Sahne
60 g Majoran
Gewürze nach Geschmack
(Wacholder, Nelke, Piment, Pfeffer, Muskat, Cayennepfeffer, Koriander)
Salz

Das frische Schweineblut und das Leberwurstbrät gut miteinander vermischen. Den Rahm unterrühren und kräftig mit Majoran, Gewürzen und Salz abschmecken.
Die Masse in Därme oder Gläser füllen und wie auf Seite 68 beschrieben garen.

HAUSGEMACHTE LEBERWURST

Zubereitungszeit 3 Stunden

2 halbe Schweinsköpfe
3 kg Schweinebauch
2 kg Zwiebeln
2 ½ kg Schweineleber
½ Knoblauchknolle
50 g Majoran
Gewürze nach Geschmack
(Nelken, Lorbeer, Piment, Pfeffer, Muskat, Wacholder, Macis, Koriander)
Salz

Die Schweineköpfe und den -bauch in viel Salzwasser weich garen, herausnehmen, etwas abkühlen lassen und alle Knochen, Knorpel und Borsten entfernen.
Die Zwiebeln schälen und vierteln, im Schweinefond weich kochen und mit dem Fleisch durch einen Fleischwolf drehen.
Nun die Leber in den Fond geben, ca. 7 Minuten kochen und anschließend ebenfalls durch den Wolf lassen. Gut mit der ersten Mischung verrühren, mit geriebenem Knoblauch, Gewürzen und Salz abschmecken. 3 Liter des Kochfonds dazugeben und zu einer geschmeidigen Masse verrühren. Die Masse in Därme, Gläser oder Dosen abfüllen und wie auf Seite 68 beschrieben garen.

SÜLZWURST – EISBEIN IN GELEE

Zubereitungszeit 3 Stunden

10 kg Eisbein mit Knochen
Kräuter und Gewürze nach Geschmack (Lorbeer, Nelken, Thymian, Piment, Pfefferkörner)
3 kg Zwiebeln
100 g Senfkörner
1 l Champagneressig oder normaler Essig
1 EL Zucker
2 EL Thymianhonig
Salz, Pfeffer

Das Eisbein in 5 Liter Wasser geben, reichlich Gewürze und Kräuter dazugeben, aufkochen und garen. Herausnehmen, die Knochen und Knorpel entfernen und das Fleisch in 3 Zentimeter große Würfel schneiden. Die Kochbrühe noch heiß durch ein Tuch seihen.
Die Zwiebeln in feine Würfel schneiden, in der Brühe einmal aufkochen lassen und mit Senfkörnern, Essig, Zucker, Honig, Salz und Pfeffer abschmecken.
Das Fleisch hinzugeben und die Masse in Gläser füllen, danach wie auf Seite 68 beschrieben einwecken.

HAUSGEMACHTE ZUNGENWURST

Zutaten für 3 Schweinemägen
Zubereitungszeit 3 Stunden

5 l Schweineblut
1 kg Leberwurstbrät
1 kg grüner Speck
1 kg Zwiebeln
500 ml Sahne
Kräuter und Gewürze nach Geschmack (Majoran, Liebstöckel, Zimt, Nelke, Piment, Macis)
5 kg Schweinezungen
Salz, Pökelsalz

Das frische Schweineblut und das Leberwurstbrät gut miteinander vermischen. Den Speck und die Zwiebeln fein würfeln, dazugeben und gut verrühren. Mit Rahm, Kräutern, Gewürzen und Salz abschmecken. Die Zungen kochen, in 3 Zentimeter große Würfel schneiden und ebenfalls zu der Masse geben. Nun in Schweinemägen füllen und wie auf Seite 68 beschrieben garen. Wer die Masse in Därme füllen möchte, muss die Zungen feiner würfeln.

ROTER SCHWARTENMAGEN

Zutaten für 2 Schweinemägen
Zubereitungszeit 5 Stunden

4 halbe Schweinsköpfe
5 Schweineschwänze
5 Schweineohren
1 ½ l Geflügelbrühe
2–3 Knoblauchzehen
2 EL gehackter Majoran
500 ml Schweineblut
Salz, Pökelsalz, Pfeffer

Schweineköpfe, -schwänze und -ohren in der Brühe weich kochen, abkühlen lassen und von Knorpeln, Knochen und Borsten befreien. Das Fleisch grob zerkleinern und mit der Brühe, dem geriebenen Knoblauch, dem Majoran und den Gewürzen vermischen. Das frische Schweineblut dazugeben und erneut gut verrühren. Die rote Schwartemagenmasse in Schweinemägen füllen und in 80 °C heißem Wasser 3 Stunden gar ziehen lassen. Anschließend in kaltem Wasser abkühlen lassen.

Beide Varianten kann man mit Senf und Brot servieren oder mit Essig, Öl und Zwiebeln anmachen und zu Bratkartoffeln reichen.

WEISSER SCHWARTENMAGEN

Zutaten für 2 Schweinemägen
Zubereitungszeit 5 Stunden

4 halbe Schweinsköpfe
5 Schweineschwänze
5 Schweinsohren
2 l Geflügelbrühe
2–3 Knoblauchzehen
2 EL Senfkörner
100 ml Essig
Salz, Pökelsalz, Zucker, weißer Pfeffer

Schweineköpfe, -schwänze und -ohren in der Brühe weich kochen, abkühlen lassen und von Knorpeln, Knochen und Borsten befreien. Das Fleisch grob zerkleinern und mit der Brühe, dem geriebenen Knoblauch, Senf und den Gewürzen vermischen. Den Essig dazugeben und erneut gut verrühren. Die Masse in Schweinemägen füllen und in 80 °C heißem Wasser 3 Stunden gar ziehen lassen. Anschließend in kaltem Wasser abkühlen lassen.

GROBE BRATWURST

Zutaten für 50–60 Bratwürste à 100 g
Zubereitungszeit 2 Stunden

5 kg Schweineschulter ohne Schwarte
Abrieb von ½ Zitrone
500 g Schalotten
2 Bd. glatte Petersilie
1 kg Kalbsbrät
weißer Pfeffer
Cayennepfeffer
Salz, Muskat

Die Schweineschulter von Sehnen und Knorpeln befreien, in grobe Stücke schneiden und durch die mittlere Scheibe des Fleischwolfs lassen. Mit dem Zitronenabrieb und den Gewürzen abschmecken.
Die Schalotten würfeln, die Petersilie hacken und mit dem Kalbsbrät kuttern. Zur Schweineschultermasse geben und gut vermischen. Danach in eine Füllmaschine geben und in Saitlinge (Lammdärme) füllen. Wie auf Seite 68 beschrieben garen und dann räuchern (Räuchervorgang siehe Seite 223).

Eine schnelle Vorspeise: Die Tête rolle in dünne Scheiben schneiden und mit einer Schalottenvinaigrette (Seite 86) marinieren.

TÊTE ROLLE – SCHWEINSKOPFWURST

Zutaten für 1 Wurst
Zubereitungszeit 5 Stunden
Kühlzeit 24 Stunden

2 halbe Schweinsköpfe
2 gepökelte Schweinezungen
3 Zwiebeln
1 Schuss Essig
1–2 TL Dijonsenf
2 EL Senfkörner
große Scheiben grüner Speck
Salz, weißer Pfeffer, Zucker

Den halbierten Schweinskopf in heißem Wasser weich kochen, von Knorpeln, Knochen und Borsten befreien und durch die grobe Scheibe des Fleischwolfs lassen. Die Zungen separat in heißem Wasser garen und in grobe Würfel schneiden. Die Zwiebeln ebenfalls würfeln und mit der Zunge unter die Kopfmasse rühren. Mit Essig, Senf und den Gewürzen abschmecken. Einen Darm mit einem Durchmesser von 30 Zentimetern (ein sogenannter 300er Kunstdarm) mit den Speckscheiben auslegen, die Masse hineinfüllen und den Darm abbinden. In 80 °C heißem Wasser 3 Stunden gar ziehen lassen. Vor der Weiterverwendung mindestens 24 Stunden auskühlen lassen.

RILLETTE VOM SCHWEIN

Zutaten für etwa 3 kg
Zubereitungszeit 1 Stunde
Ruhezeit 24 Stunden

- 1 kg Schweinebauch ohne Knochen und Schwarte
- 1 kg Schweineschulter ohne Knochen und Schwarte
- 100 g grobes Meersalz
- 10 Wacholderbeeren
- 3 Lorbeerblätter
- 5 Nelken
- 5 Pimentkörner
- 1 Macis
- 5 Knoblauchzehen
- 2 kg Schweineschmalz
- 200 ml Riesling

Das Fleisch in 5 Zentimeter große Würfel schneiden und mit dem groben Meersalz einmassieren. Die Gewürze und die halbierten Knoblauchzehen dazugeben, gut vermischen und 24 Stunden abgedeckt kühl ruhen lassen.
Am nächsten Tag das Fleisch von den Gewürzen befreien, Reste gegebenenfalls unter Wasser abspülen und trocken tupfen. Das Schmalz auf 78 °C erhitzen (nicht über 80 °C erhitzen, sonst wird das Fleisch zu trocken), das gewürfelte Fleisch dazugeben und bei gleichmäßiger Temperatur weich garen. Danach etwas auskühlen lassen und mit dem Riesling aromatisieren. Schließlich in Tontöpfe abfüllen und gut auskühlen lassen.

GRIEBENSCHMALZ

Zutaten für etwa 4 kg
Zubereitungszeit ca. 1 Stunde
Kühlzeit 2–3 Stunden

- 5 kg Flomen (Nierenfett vom Schwein)
- 5 Zwiebeln
- 4 Äpfel
- 70 g Majoran
- Salz, Pfeffer

Die Flomen etwas zerkleinern und durch die grobe Scheibe des Fleischwolfs lassen. In einem Topf erhitzen. Zwiebeln und Äpfel fein würfeln. Sobald das Fett klar wird und Farbe bekommt, Zwiebel- und Apfelwürfel dazugeben und weiter erhitzen. Wenn die Grieben (die Bindegewebsreste des Fettes) knusprig braun sind, ist das Schmalz soweit fertig.
Vom Herd nehmen und ein paar Stunden auskühlen lassen. Zwischendurch regelmäßig gut rühren, damit es schön geschmeidig wird. Mit Majoran, Salz und Pfeffer abschmecken. Nach ein paar Stunden ist das Schmalz dann wieder fest und weiß.

Bei klarem Schweineschmalz gibt man weder Äpfel noch Zwiebeln dazu. Nach dem Erhitzen das Fett durch ein Sieb laufen lassen, dann kühl stellen. Klares Schweineschmalz eignet sich hervorragend zum Braten und Backen.

VORSPEISEN

BELEGTE BAUERNBROTE

Zutaten für jeweils 4 Brote
Zubereitungszeit 20 Minuten pro Brot

Pro Belag 4 Scheiben Bauern- oder Graubrot in heißem Olivenöl von beiden Seiten knusprig rösten, auf Küchenpapier etwas abtropfen und mit einer Knoblauchzehe leicht einreiben, anschließend nach Belieben belegen.

LACHSSCHINKEN

2 Lauchzwiebeln
1 Karotte
1 Staudenselleriestange
1 rote Paprika
1 EL Olivenöl
1 TL Estragonessig
40 g französische Salzbutter
150 g Lachsschinken
(vom Metzger)
Salz, Pfeffer, Zucker

Das Gemüse in feine Scheiben schneiden, in Olivenöl anbraten, mit Essig ablöschen, würzen und gar ziehen lassen. Die Brote mit der Salzbutter bestreichen und mit dem Lachsschinken belegen. Das Gemüse etwas abtropfen lassen, trocken tupfen und auf den Broten anrichten

SCHWEINEFILET UND TRÜFFELN

200 g Schweinefilet
1 EL Öl
8 getrocknete Tomaten
40 g französische Salzbutter
2 Spitzkohlblätter
Perigord-Trüffel
zum Garnieren
Meersalz, Pfeffer

Das Schweinefilet mit Salz und Pfeffer würzen und mit etwas Öl rosa braten. Danach auskühlen lassen und dünn aufschneiden. Die Tomaten in Streifen schneiden. Die Brote mit Butter bestreichen und mit fein geschnittenem Spitzkohl belegen. Das Schweinefilet daraufgeben und mit den Tomaten und dem Trüffel garnieren.

BOUDIN NOIR UND APFEL

150 g Boudin noir
1 Apfel
1 EL Butter
1 TL Puderzucker
1 Lauchzwiebel
40 g französische Salzbutter
einige Feldsalat- und Sellerieblättchen

Boudin noir in Scheiben schneiden und ohne Öl anbraten. Den Apfel entkernen, in Spalten und anschließend in Stücke schneiden. Die Butter in einer Pfanne zerlassen und die Apfelstücke mit etwas Puderzucker golden glasieren.
Die Lauchzwiebel in dünne Scheiben schneiden. Die Brote mit der Salzbutter bestreichen, mit der Boudin noir und den Apfelstücken belegen. Mit den Lauchzwiebelscheiben und den Feldsalat- und Sellerieblättchen garnieren.

RILLETTE

150 g Rillette (Rezept Seite 73)
4 Gewürzgurken
4 Senfgurken
1 TL Dijonsenf
Majoranblättchen zum Garnieren
Pfeffer

Die Brote mit Rillette bestreichen, die Gurken in Scheiben schneiden und damit belegen. Mit grob gemahlenem schwarzen Pfeffer würzen und mit Senf und Majoranblättchen garniert servieren.

BELEGTE BAUERNBROTE

Zutaten für jeweils 4 Brote
Zubereitungszeit 20 Minuten pro Brot

Pro Belag 4 Scheiben Bauern- oder Graubrot in heißem Olivenöl von beiden Seiten knusprig rösten, auf Küchenpapier etwas abtropfen und mit einer Knoblauchzehe leicht einreiben, anschließend nach Belieben belegen.

BRATWURST

2 Bratwürste
1 TL Öl
1 Schalotte
4 EL pürierte Tomaten
1 reife Mango
40 g französische Salzbutter
Curry, Salz

Die Bratwurst in Scheiben schneiden und in wenig Öl anbraten. Die Schalotte fein würfeln und mit den pürierten Tomaten einkochen. Die Mango schälen, in feine Scheiben schneiden. Die Randstücke der Mango fein würfeln und mit den Tomatenschalotten mischen, mit Salz und Curry abschmecken. Die Brote mit Salzbutter bestreichen, darauf die Tomatenmasse geben und das Brot mit der Bratwurst und den Mangoscheiben belegen.

PFÄLZER SAUMAGEN

2 Scheiben Pfälzer Saumagen
4 EL Sauerkraut
40 g französische Salzbutter
12 frittierte Scheiben Kartoffeln
1 EL Öl
4 TL Feigensenf
Majoran und Zitronenthymian zum Garnieren

Den Saumagen in breite Streifen schneiden, das Sauerkraut lauwarm erhitzen, die Kartoffeln in Öl kross braten. Die Brote mit Butter bestreichen, das Sauerkraut darauf anrichten und den Saumagen auf dem Kraut platzieren. Mit etwas Feigensenf, den Kartoffelscheiben und einigen Majoranblättchen garnieren.

GEPÖKELTE SCHWEINEZUNGE

1 gepökelte Schweinezunge
20 dünne Scheiben Kartoffeln
1 EL Öl
1 Lauchzwiebel
40 g französische Salzbutter
frisch geriebener Meerrettich

Die Zunge dünn aufschneiden, die Kartoffelscheiben in Öl kross braten, die Lauchzwiebel in feine Ringe schneiden. Die Brote mit der Salzbutter bestreichen, mit der Zunge belegen und mit den Lauchzwiebelringen und Kartoffelscheiben garnieren. Mit frisch geriebenem Meerrettich servieren.

KESSELFLEISCH

40 g französische Salzbutter
150 g Kesselfleisch
1 TL grober Dijonsenf
2 Blätter Endiviensalat
etwas Feldsalat
2 Kirschtomaten
frisch geriebener Meerrettich

Die Brote mit der Salzbutter bestreichen. Das lauwarme Kesselfleisch in Scheiben schneiden und das Brot damit belegen. Mit Senf garnieren, mit Endivienblättern, Feldsalat, geviertelten Kirschtomaten und frisch geriebenem Meerrettich servieren.

HIMMEL UND ERDE

NACH MÜLLERS ART

Zutaten für 4 Personen
Zubereitungszeit 1 Stunde

2 große Kartoffeln
1 Eigelb
1 EL Crème fraîche
etwas Kartoffelstärke
1 EL Öl
4 Scheiben Blutwurst
4 Scheiben Äpfel
4 Scheiben Gänsestopfleber
1 EL Butter
1 TL Puderzucker
gebackene Zwiebelringe
saisonale Blattsalate
frischer Majoran
Preiselbeeren
Salz, Pfeffer, Muskat

Die Kartoffeln schälen, kochen, durch ein Sieb streichen und etwas auskühlen lassen. Mit Eigelb, Crème fraîche, Kartoffelstärke vermengen und mit Salz, Pfeffer und Muskat abschmecken. Etwas Kartoffelmasse zum Garnieren beiseitestellen. In einer Teflonpfanne das Öl erhitzen und aus der restlichen Kartoffelmasse einen dünnen Pfannkuchen ausbacken.
Aus Blutwurst, Äpfeln, Gänsestopfleber und Kartoffelkuchen jeweils vier gleich große Kreise stechen. Butter in einer Pfanne zerlassen und die Apfelscheiben mit etwas Puderzucker golden glasieren. Die Gänsestopfleber und die Blutwurst in einer Eisenpfanne ohne Öl braten.
Kartoffelkuchen, Apfelscheibe, Blutwurst und Gänsestopfleber zu einem Turm schichten. Mit der beiseitegestellten Kartoffelmasse und gebackenen Zwiebelringen garnieren. Mit frischen Blattsalaten, Majoran und den Preiselbeeren servieren.

TERRINE

VON SCHWEINEBACKEN, GÄNSESTOPFLEBER UND BOUDIN NOIR

Zutaten für 1 Terrine (ca. 12 Portionen)
Zubereitungszeit 3 Stunden
Kühlzeit 24 Stunden

150 g magere Schweineschulter ohne Schwarte (dicker Bug)
30 g Pökelsalz
6–8 Scheiben grüner Speck
3 Schweinebacken ohne Schwarte
Kräuter und Gewürze nach Geschmack (Pfeffer, Muskat, Macis (Muskatblüte), geröstete Korianderkörner, Nelken, Wacholder, Lorbeer, Piment, Senfkörner, Knoblauch, Thymian, brauner Zucker)
1 EL gehackter Majoran
1 Zwiebel
30 g leicht geräucherter Speck
40 g Pistazien
3 EL Farce (Grundrezept Seite 221)
40 g gekochter Schinken
2 gekochte Karotten (am Stück)
1 gekochter Knollensellerie (am Stück)
10 Scheiben Boudin noir à etwa 2-cm-Dicke
5 Scheiben Gänsestopfleber à etwa 40 g
1 EL Mehl
Salz

Das magere Schulterfleisch in 1 Zentimeter dicke Würfel schneiden. Mit dem Pökelsalz würzen und so lange einmassieren, bis sich das Eiweiß als cremige Schicht auf der Oberfläche der Würfel absetzt. So dringt das Salz besser ein, die kleinen Würfel werden schneller gepökelt und binden nachher in der Terrine optimal.
Die Terrinenform mit dem grünen Speck sorgfältig auslegen. Es sollte genügend Speck überhängen, sodass die Terrine nach dem Füllen gut verschlossen werden kann.
Die Schweinebacken in Streifen schneiden und durch die feine Scheibe des Fleischwolfs lassen. Die Gewürze zusammen in einem Mörser fein reiben und danach durch ein Sieb geben. Mit Salz, Majoran und der Gewürzmischung kräftig würzen (das Fleisch nimmt beim Backen einiges an Gewürzen und Salz auf) und alles gut vermischen.
Die Zwiebel und den Speck fein schneiden und in einer Pfanne gut anschwitzen, aber nicht zu braun werden lassen. Die Schweinebackenmasse mit den Schulterwürfeln, dem abgekühlten Zwiebelspeck, den gehackten Pistazien, der Farce und dem gewürfelten Schinken mischen. Das Gemüse ebenfalls würfeln und vorsichtig unterheben.
Die Boudin-noir-Scheiben in etwas Öl anbraten. Die Gänsestopfleber mit Salz und Pfeffer würzen, leicht mit Mehl bestäuben und ohne Öl in einer heißen Eisenpfanne anbraten. Wurst und Leber danach auf einem Tuch auskühlen lassen.
Den Backofen auf 160 °C vorheizen. Ein Drittel der Fleischmasse mit Schwung in die Terrinenform füllen, so wird unnötige Luft herausgepresst. Nun die Gänsestopfleber hineinschichten. Das zweite Drittel der Fleischmasse hineinfüllen, den Boudin noir darüberschichten und mit dem letzten Drittel Fleischmasse bedecken. Auf einem doppelt gefalteten Küchentuch die ganze Form kräftig klopfen, um alle Luftlöcher zu verschließen. Mit dem überhängenden Speck die Terrine bedecken und mit dem Deckel verschließen.
Die Form in ein mit heißem Wasser gefülltes tiefes Blech oder einen großen Schmortopf stellen, ein Drittel der Form sollte im Wasser stehen. Im Backofen für 80 Minuten stocken lassen. Danach die Terrine 24 Stunden in der Form auskühlen lassen.

Kalt mit Senf und eingelegtem sauren Gemüse oder angebraten mit Bratkartoffeln servieren.

WURSTSALAT
MIT BRATKARTOFFELN

Zutaten für 4 Personen
Zubereitungszeit 50 Minuten

Wurstsalat

400 g Fleischwurst
(wahlweise Fleischkäse oder Lyoner)
200 g Schwarzwurst
2 EL Senf
4 cl Weinessig
2–3 EL Essiggurkensaft
4 Essiggurken
2 rote Zwiebeln
½ Bd. glatte Petersilie
8 Kirschtomaten
1 EL Distelöl
Salz, Pfeffer, Zucker

Bratkartoffeln

8 große Kartoffeln
2 EL Distelöl
1 Zwiebel
60 g Butter
1 Bd. Lauchzwiebeln
Salz, Pfeffer, Kümmel

Wurstsalat

Die Wurst in dünne Scheiben schneiden und vierteln oder zunächst in Scheiben und dann in dünne Streifen schneiden – je nach Geschmack. In einer Schüssel den Senf mit Essig und Essiggurkensaft verrühren. Mit Salz, Pfeffer und etwas Zucker deftig abschmecken, die Wurst hineingeben und gut verrühren. Die Essiggurken und die Zwiebeln in feine Streifen schneiden und zum Salat geben. Mit gehackter Petersilie, geviertelten Tomaten und dem Öl verfeinern.
Die Vinaigrette sollte kräftig sein, sollte sie jedoch zu kräftig geraten sein, einfach einen Schuss Wasser dazugeben.

Bratkartoffeln

Die Kartoffeln schälen und gut waschen, danach trocken tupfen und in nicht zu dünne Scheiben schneiden. In einer Bratpfanne das Öl erhitzen, die Kartoffeln zunächst goldbraun anbraten, dann bei reduzierter Hitze garen. Mit Salz und Pfeffer würzen, gelegentlich durchschwenken. Die Zwiebel fein würfeln und mit der Butter die letzten 5 Minuten zu den Kartoffeln geben. Die Lauchzwiebel fein schneiden und mit dem Kümmel in die Pfanne geben. Vor dem Servieren nochmals abschmecken.

Bratkartoffeln von rohen Kartoffeln werden schön kross und aromatisch, dauern aber etwas länger als die von gekochten Kartoffeln. Mit etwas geschnittenem Käse (Edamer, Gauda etc.) und mit Gartenkräutern lässt sich der Wurstsalat wunderbar einfach verfeinern.

GEBACKENE BLUTWURST

AUF SCHWEINSKOPFWURST MIT SCHALOTTENVINAIGRETTE

Zutaten für 4 Personen
Zubereitungszeit 50 Minuten

Vinaigrette

3 Schalotten
1 EL feiner Dijonsenf
2 EL Pommerysenf
200 ml Geflügelfond 1 (Grundrezept Seite 218)
3 EL Champagneressig
1 EL Himbeeressig
1 EL Walnussöl
½ Bd. Schnittlauch
Salz, Pfeffer, Zucker

Gebackene Blutwurst

1 große Kartoffel
1 Eiweiß
4 Scheiben Blutwurst à etwa 30 g
1 EL Mehl
Öl zum Frittieren
Salz, Pfeffer, Muskat

Anrichten

5 EL Traubenkernöl
20 dünne Scheiben Schweinskopfwurst (Tête rolle: Rezept Seite 72)
Wildkräuter oder Blattsalate

Vinaigrette

Die Schalotten schälen und im Mixer mit Senf, Geflügelfond, Essig und Gewürzen gut zerkleinern. Weitermixen und langsam das Öl dazugeben, bis die Vinaigrette sämig ist. Den Schnittlauch fein schneiden und in die Vinaigrette rühren.

Gebackene Blutwurst

Die Kartoffel schälen und in feine Streifen schneiden, mit Salz etwas marinieren und 10 Minuten ziehen lassen. Danach die Streifen kräftig ausdrücken, mit Pfeffer und Muskat würzen und etwas von dem verquirlten Eiweiß untermischen. Die Blutwurstscheiben in Mehl wenden, die Kartoffelstreifen leicht um die Blutwurst wickeln und im Öl goldbraun ausbacken.

Anrichten

Die Teller mit etwas Traubenkernöl einreiben, die Scheiben Tête rolle fächerartig darauf anrichten und großzügig mit der Vinaigrette beträufeln, vor dem Servieren im Backofen leicht erwärmen. Die Blutwurst darauf anrichten und mit etwas Wildkräutern oder einem kleinen Salatbouquet servieren.

SALAT VON SCHWARZWURST UND OKTOPUS
MIT GEGRILLTEN POWERADEN

Zutaten für 4 Personen
Zubereitungszeit 2 Stunden

Oktopus
1 kleiner Oktopus (ca. 500 g)
1 Fenchelknolle
2 Staudenselleriestangen
3 Schalotten
1 Karotte
2 EL Olivenöl
250 ml Noilly Prat
4 cl Pernod
2 l Weißwein
je 1 Thymian-, Rosmarin- und Dillzweig
1 Knoblauchzehe
5 Pfefferkörner
Meersalz

Vinaigrette
200 ml Kochfond vom Oktopus
1 TL Dijonsenf
1 EL Walnussöl
1 EL Olivenöl
12 getrocknete Tomaten
Saft von 1 Zitrone
Salz, Zucker, Pfeffer

Poweraden
8 Poweraden (italienische Artischocken)
1 EL Olivenöl
Saft von 1 Zitrone

Salat
½ Ring Schwarzwurst
1 rote Zwiebel
1 Bd. Basilikum
50 g Friséesalat

Anrichten
4 EL Gemüsebrunoise (Karotten, Knollensellerie, Staudensellerie)

Oktopus
Den Kopf des Oktopus entfernen, den Körper aufschneiden, den Schulp mit den Innereien entfernen und die Tentakel in Stücke schneiden.
Fenchel, Staudensellerie, Schalotten und Karotte würfeln und in Olivenöl ohne Farbe anschwitzen. Den Oktopuskörper und die -tentakel dazugeben, mit Noilly Prat und Pernod ablöschen und mit etwas Meersalz würzen. Den Weißwein angießen, einmal aufkochen lassen und den Schaum abschöpfen. Thymian, Rosmarin, Dill, Knoblauchzehe und Pfefferkörner dazugeben und bei 80 °C ca. 70 Minuten ziehen lassen, bis der Oktopus weich ist. Den Oktopus ausstechen und in feine Scheiben schneiden, den Fond durch ein Tuch laufen lassen und beiseitestellen.

Vinaigrette
Den Kochfond mit Salz, Pfeffer und Zucker würzen. Dijonsenf, Walnuss- und Olivenöl dazugeben und mit einem Stabmixer eine sämige Vinaigrette hochziehen. Die getrockneten Tomaten klein hacken und unterrühren, mit etwas Zitronensaft abschmecken.

Poweraden
Die Poweraden halbieren, gegebenenfalls harte äußere Blätter und Heu entfernen, in Olivenöl leicht Farbe annehmen lassen. Etwas Oktopusfond und Zitronensaft angießen und die Flüssigkeit etwas einkochen lassen. Dabei die Poweraden immer wieder mit Fond übergießen. Mit Salz und Pfeffer würzen.

Salat fertigstellen
Die Schwarzwurst halbieren und in dünne Scheiben schneiden, mit der fein geschnittenen roten Zwiebel und den abgezupften Basilikumblättern vermischen und mit der Vinaigrette marinieren. Einige Oktopusteile zum Garnieren beiseitelegen, den restlichen Oktopus und den Friséesalat zur Vinaigrette geben und verrühren.

Anrichten
Die Poweraden auf die Teller geben, den Salat darauf anrichten. Die Brunoise daneben platzieren und mit je einem Oktopusteil garnieren.

SCHWEINSKOPFSÜLZE
MIT MARINIERTEM BLUMENKOHL

Zutaten für 1 Terrine (ca. 10 Personen)
Zubereitungszeit 4 Stunden
Auskühlzeit 24 Stunden

Terrine

1 Schweinebacke
2 Schweinsohren
2 Schweinefüße
1 Schweinezunge
1 Schweineschnauze
200 g Gemüsewürfel
(Karotte, Lauch, Zwiebel)
2 Karotten
1 Lauchstange
1 Zwiebel
1 Fenchelknolle
2 Knoblauchzehen
1 EL gehackter Estragon
2 EL gehackte glatte Petersilie
1 Schuss Estragonessig
Salz, Pfeffer

Blumenkohl

½ Blumenkohlkopf
2 EL Himbeeressig
3 EL Traubenkernöl
Salz, Pfeffer und Zucker

Anrichten

4 Tomaten in Scheiben
einige Salatblätter

Terrine

Die Backen, Ohren, Füße, Zunge, Schnauze und die Gemüsewürfel reichlich mit gesalzenem Wasser bedecken. Aufkochen, Hitze reduzieren und weich kochen. Die Schweinekopfteile aus dem Fond nehmen, von Knochen und Knorpeln befreien und grob zerkleinern. Den Fond durch ein Sieb seihen, erneut erhitzen und etwas reduzieren.
Das Gemüse putzen, gegebenenfalls schälen, in feine Würfel schneiden und im Fond bissfest garen. Das Fleisch, den zerriebenen Knoblauch sowie die Kräuter dazugeben, mit Salz und Pfeffer würzen und gut vermischen. Mit Essig verfeinern und in eine Terrinenform füllen, 24 Stunden im Kühlschrank auskühlen lassen.

Blumenkohl

Den Blumenkohl in Röschen zerteilen, in Salzwasser bissfest garen, in Eiswasser abschrecken und danach in dünne Scheiben schneiden. Mit Salz, Pfeffer und Zucker würzen, mit dem Himbeeressig abschmecken und mit etwas Traubenkernöl beträufeln.

Anrichten

Die Sülze aufschneiden und mit dem Blumenkohl, den Tomatenscheiben und einigen Salatblättchen servieren.

*Auch Karotten, Brokkoli, Fenchel und Staudensellerie können wie der Blumenkohl zubereitet und mariniert und zur Sülze gereicht werden.
Mit einem leichten Kartoffelschaum wird das Gericht absolut perfekt. Dazu einfach etwas Kartoffelpüree mit geschlagener Sahne aufschlagen.*

TÖRTCHEN VON SCHWEINENASEN

UND GÄNSELEBERMOUSSE MIT DAMASZENER ROSENGELEE

Zutaten für ca. 12 Portionen
Zubereitungszeit 3 Stunden
Kühlzeit 24 Stunden

Schweinenasenmousse

120 g gekochte, gepökelte Schweinenasen
120 ml Geflügelfond 1
(Grundrezept Seite 218)
180 ml Sahne
3 Blatt Gelatine
20 g Parmesan
200 g geschlagene Sahne
Salz, Pfeffer

Gänselebermousse

350 g rohe und passierte Gänsestopfleber
90 ml Sahne
125 ml roter Portwein
3 ½ Eigelb
25 g Butter
ca. 8 g Salz
Pfeffer, Muskat, Macis (Muskatblüte)

Anrichten

50 g Perigord-Trüffel
200 g Damaszener Rosengelee
2 Blatt Gelatine

Schweinenasenmousse

Die Schweinenasen klein schneiden, mit dem Geflügelfond aufkochen und um die Hälfte reduzieren. Mit der Sahne auffüllen und aufkochen. Die eingeweichte Gelatine und den geriebenen Parmesan dazugeben, im Mixer zu einer geschmeidigen Masse verarbeiten und passieren. Auskühlen lassen, würzen, die geschlagene Sahne unterheben, in eine vorbereitete Form abfüllen und stocken lassen.

Gänselebermousse

Die Gänsestopfleber frühzeitig aus dem Kühlschrank nehmen, sie sollte zum Verarbeiten Zimmertemperatur haben. Die Sahne aufkochen, den Portwein auf 75 Milliliter reduzieren und beides zusammen mit der Leber, den Eigelben und der Butter in einen Mixer geben und warm zu einer geschmeidigen Masse verarbeiten. Anschließend die Masse mit Salz und Gewürzen abschmecken.
In eine Terrinenform geben, mit hitzebeständiger Frischhaltefolie und Alufolie abdecken und im Backofen in einem Wasserbad bei 90 °C ca. 45 Minuten pochieren, danach im Kühlschrank auskühlen lassen.

Anrichten

Die Schweinenasenmousse mit dem Perigord-Trüffeln hauchdünn belegen, die Gänselebermasse darauf verstreichen, erneut im Kühlschrank auskühlen lassen. Ein Teil des Rosengelees erhitzen und die eingeweichte Gelatine darin auflösen. Zum restlichen Rosengelee geben, verrühren, dünn auf die Gänselebermasse streichen und 24 Stunden auskühlen lassen. Zum Servieren in beliebige Portionen zerteilen.

Natürlich schmecken die Törtchen auch mit „normalem" Rosengelee. Dazu können Sie Salat, Nüsse und etwas Dörrobstvinaigrette servieren.

SALAT VON GEBACKENEN SCHWEINSOHREN
UND TASCHENKREBS

Zutaten für 4 Personen
Zubereitungszeit 1 Stunde

Ohren
6 gekochte Schweinsohren
1/2 TL geröstete Korianderkörner
2 EL Reismehl
Tempurateig (Grundrezept Seite 219)
Frittierfett zum Ausbacken
Salz, Pfeffer

Taschenkrebs
4 Taschenkrebse
1 Knoblauchzehe
1 Lorbeerblatt
1 Thymianzweig
5 schwarze Pfefferkörner
Meersalz

Salat
300 g Wasserspinat
2 EL Sesamöl
50 ml asiatische Vinaigrette (Grundrezept Seite 220)
30 g Ingwer
12 Shiitakepilze
1 EL Öl

Anrichten
1 Chilischote
einige blanchierte Meeresböhnchen

Ohren
Die Schweinsohren in feine Streifen schneiden. Den Koriander fein mahlen, die Schweinsohren damit würzen und schließlich salzen und pfeffern. In Reismehl wenden, durch den Tempurateig ziehen und goldgelb ausbacken.

Taschenkrebse
Die Taschenkrebse mit dem halbierten Knoblauch und den Gewürzen in kochendes Salzwasser geben und 5–6 Minuten ziehen lassen. Etwas abkühlen lassen und das Fleisch aus den Scheren und den Beinen lösen.

Salat
Den Wasserspinat klein schneiden und in einem Wok mit etwas Sesamöl anbraten. Danach mit der Vinaigrette ablöschen. Den Ingwer reiben, mit dem Taschenkrebsfleisch dazugeben und gut vermengen.
Die Shiitakepilze in Stifte schneiden und in etwas Öl anbraten, unter den Salat rühren.

Anrichten
Die Schweineohren zusammen mit dem Salat in den aufgebrochenen Taschenkrebsen anrichten. Die Chilischote in feine Ringe schneiden und den Salat damit garnieren. Mit einigen Meeresböhnchen angerichtet servieren.

Dazu passt ein scharfer Chili-Koriander-Dip (Grundrezept Seite 221).

SÜSSER SCHWEINEBAUCH

MIT JAKOBSMUSCHELN UND STEINPILZEN

Zutaten für 4 Personen
Zubereitungszeit 2 ½ Stunden
Marinierzeit 24 Stunden

Schweinebauch

400 g Schweinebauch ohne Knochen
3 EL Honig
½ Bd. frischer Koriander
100 ml dunkle Sojasauce
1 TL geröstete Korianderkörner
2 Knoblauchzehen
4 Limettenblätter
2 Zitronengrasstangen
2 Chilischoten
1 EL Sesamöl
Salz

Steinpilze

400 g Steinpilze
2 EL Olivenöl
1 Schalotte
1 EL Schnittlauch
1 EL Haselnussöl
Saft von 1 Zitrone
Salz, Pfeffer

Jakobsmuscheln

12 frische Jakobsmuscheln
½ TL geröstete Korianderkörner
etwas Olivenöl
Abrieb und Saft von ½ Limette
Salz, Pfeffer

Anrichten

herbstliche Salate und Kräuter
100 ml asiatische Vinaigrette
(Grundrezept Seite 220)

Schweinebauch

Den Schweinebauch zunächst in kochendem Salzwasser 30 Minuten garen, aus dem Kochfond nehmen, mit einem scharfen Messer die Schwarte ablösen und auskühlen lassen.
Vom Kochfond 100 Milliliter abnehmen und den Honig darin auflösen. Den frischen Koriander hacken, mit den restlichen Zutaten zum Fond geben und den Schweinebauch hineingeben. Abgedeckt im Kühlschrank 24 Stunden ziehen lassen.
Am nächsten Tag den Schweinebauch herausnehmen und mit einem Tuch trocken tupfen. Den Backofen auf 135 °C vorheizen. Den Schweinebauch mit der ursprünglichen Fleischseite nach unten in einen Schmortopf geben, etwas Wasser angießen und 90 Minuten im Backofen garen, dabei gelegentlich mit dem Bratenfond übergießen. So entsteht eine knusprig-braune Kruste.

Steinpilze

Die Steinpilze in Scheiben schneiden und im heißen Olivenöl anbraten. Die Schalotten und den Schnittlauch fein hacken und kurz vor Garende zu den Pilzen geben. Kurz durchschwenken, in eine Schüssel geben, würzen und mit Haselnussöl, Olivenöl und Zitronensaft marinieren.

Jakobsmuscheln

Die Jakobsmuscheln mit den frisch gemahlenen Korianderkörnern, Salz und Pfeffer würzen, in Olivenöl goldbraun anbraten und mit etwas Limettenabrieb und Saft marinieren.

Anrichten

Den Schweinbauch aufschneiden und fächerartig auf den Tellern anrichten.
Mit herbstlichen Blattsalaten und Jakobsmuscheln servieren.

Wer mag, kann den Salat in der abgelösten Schwarte anrichten und eventuell mit Sojasprossen oder Pak Choi servieren.

GERÄUCHERTES SCHWEINEFILET

MIT NHAM-YHIM-SAUCE

Zutaten für 4 Personen
Zubereitungszeit 40 Minuten
Marinierzeit 3 Tage

Schweinefilet

1 Schweinefilet vom Iberischen Schwein
500 ml Pökellake (Grundrezept Seite 223)
100 g Räuchermehl

Nham-Yhim-Sauce

2 Knoblauchzehen
1 Chilischote
1 Bd. frischer Koriander
50 g Palmzucker
Abrieb und Saft von 2 Limetten
1 EL Fischsauce
50 g frischer Ingwer ohne Schale
Salz

Salat

20 g Seetang (Mischung aus Wakame, Kukiwakame, Kombu Shirosugi, Aosugi, Akasugi, Akatsunomata, im guten Asialaden erhältlich)
50 ml asiatische Vinaigrette (Grundrezept Seite 220)

Anrichten

1 EL leicht abgebundene Sojasauce

Schweinefilet

Das Schweinefilet von Sehnen und Fett befreien und drei Tage in der Pökellake marinieren. Danach herausnehmen, trocken legen und mit dem Räuchermehl, wie auf Seite 223 ausführlich beschrieben, 20 Minuten räuchern, anschließend gut auskühlen lassen.

Nham-Yhim-Sauce

Knoblauch schälen, Chili entkernen, Korianderblätter von den Stängeln zupfen und mit allen anderen Zutaten in einem Mörser etwa 20 Minuten lang zu einer feinen, geschmeidigen Masse zerreiben. Gegebenenfalls mit etwas Salz abschmecken.

Salat

Den Seetang 10 Minuten in kaltem Wasser einweichen, danach in der Vinaigrette marinieren.

Anrichten

Das Schweinefilet dünn aufschneiden und mit etwas Sojasauce beträufeln. Die Nham-Yim-Sauce auf den Tellern anrichten und mit dem Salat servieren.

Statt des Seetangs können Sie auch etwas Pak Choi in Salzwasser bissfest garen und mit geröstetem weißen Sesam und einigen Chilifäden zum Filet reichen.

GEBEIZTES SCHWEINEFILET
IM ASCHEMANTEL MIT MARINIERTEN PILZEN

Zutaten für 4 Personen
Zubereitungszeit 1 Stunde
Vorbereitungszeit 3 Wochen

Schweinefilet

1 Schweinefilet
1 kg fein gesiebte Buchen- oder Birkenasche

Pilze

400 g Waldpilze, je nach Saison oder Marktlage
50 g leicht geräucherter Bauchspeck
1 EL Olivenöl
2 Schalotten
½ Bd. Schnittlauch
2 EL Estragonessig
3 EL Traubenkernöl
2 süße Birnen
1 EL Butter
1 TL Puderzucker
8 getrocknete Kirschtomaten (Grundrezept Seite 222)
Salz, Pfeffer

Anrichten

Blattsalate
Preiselbeeren

Schweinefilet

Das Schweinefilet wie beschrieben je 1 Woche beizen (Grundrezept Seite 222) und räuchern (Grundrezept Seite 223). Nun wird das Filet in die Asche gegeben und muss an einem kühlen Ort noch 1 Woche ziehen. Das verleiht dem Filet eine außergewöhnliche Farbe und unvergleichliches Aroma. Nun das Filet dünn aufschneiden.

Pilze

Die Pilze in Scheiben schneiden, den Speck würfeln, in Olivenöl braten und mit Salz und Pfeffer würzen. Die Schalotten und den Schnittlauch fein hacken und kurz vor Garende dazugeben. Mit Estragonessig und Traubenkernöl marinieren.
Die Birnen schälen und in feine Scheiben schneiden. Butter in einer Pfanne zerlassen, die Apfelscheiben mit etwas Puderzucker darin golden glasieren und unter die Pilze heben. Die Tomaten in Streifen schneiden und ebenfalls zu den Pilzen geben.

Anrichten

Das Filet mit den Pilzen und dem Blattsalat anrichten, mit den Preiselbeeren garniert servieren.

Die marinierten Pilze lassen sich mit trocken gerösteten Pinienkernen verfeinern.

TATAR VOM LARDO

MIT OLIVENKARTOFFELN, SALATGURKE UND OSSIETRAKAVIAR

Zutaten für 4 Personen
Zubereitungszeit 1 ½ Stunden

Tatar

160 g Lardo (italienischer Rückenspeck)
2 große Kartoffeln
50 ml Olivenöl
100 g geschälte und entkernte Gurke

Gurkencarpaccio

2 Salatgurken
2 Blatt Gelatine
½ g Safranfäden
Salz, weißer Pfeffer, Zucker

Anrichten

50 g Saiblingskaviar
50 g Ossietrakaviar
80 g Crème fraîche
1 Schuss Milch
Saft von 1 Zitrone
Salatblätter
essbare Blüten

Tatar

Den Lardo gut gekühlt fein würfeln. Die Kartoffeln ebenfalls würfeln, im Olivenöl goldbraun ausgebacken und auf Küchenpapier abtropfen lassen. Gurke in kleine Würfel schneiden, gut trocken tupfen und mit den Lardo- und Kartoffelwürfeln vermischen.

Gurkencarpaccio

Eine der Salatgurken schälen, würfeln, mit Salz, Zucker und Pfeffer würzen und im Mixer zu einer geschmeidigen Masse verarbeiten. Anschließend durch ein Tuch laufen lassen und die eingeweichte und aufgelöste Gelatine mit der Gurkenmasse gut vermengen. Im Kühlschrank fest werden lassen, danach durch eine Kartoffelpresse drücken.
Die zweite Gurke schälen und hauchdünn aufschneiden, leicht salzen und 15 Minuten ziehen lassen. Anschließend gut abtropfen lassen, den Sud dabei auffangen. Etwa 3 Esslöffel dieses Suds mit dem Safran aufkochen, mit etwas Zucker würzen und mit der durchgedrückten Gurkenmasse vermengen. Die Masse zu den Gurkenscheiben geben und gut vermischen.

Anrichten

Etwas Saiblingskaviar zum Garnieren beiseitestellen. Mithilfe eines Ringes das Tatar schichtweise mit dem restlichen Saiblingskaviar anrichten, darauf den Ossietrakaviar setzen. Die Crème fraîche mit Salz und Pfeffer würzen, mit etwas Milch und Zitronensaft cremig rühren. Das Gurkencarpacccio auf den Teller platzieren und mit Crème fraîche, Saiblingskaviar, Salat und Blüten servieren.

ZWISCHENGERICHTE

GEPÖKELTER SCHWEINEBAUCH
MIT BOHNEN UND CALAMARETTI

Zutaten für 4 Personen
Zubereitungszeit 2 Stunden
Einweichzeit 8 Stunden

Schweinebauch
400 g gepökelter Schweinebauch
1 Zwiebel
2 Lorbeerblätter
4 Nelken
2 Petersilienstängel

Bohnen
50 g weiße Bohnen
1 Zwiebel
2 Knoblauchzehen
1 EL Olivenöl
500 ml Geflügelfond 1 (Grundrezept Seite 218)
1 Karotte
1 kleiner Knollensellerie
100 g Schnippelbohnen
100 g grüne Bohnen
6 Kirschtomaten
1 Bohnenkrautzweig
Salz, Pfeffer

Calamaretti
100 g Calamaretti
1 EL Olivenöl
1 EL Butter
1 Knoblauchzehe
1 Thymianzweig
Salz, Pfeffer

Schweinebauch
Den Schweinebauch in bereits kochendes Wasser geben, erneut aufkochen lassen und abschäumen. Die Zwiebel schälen, halbieren, mit Lorbeerblättern und Nelken spicken und mit der Petersilie zum Schweinebauch geben. Die Hitze auf etwa 80 °C reduzieren und ca. 90 Minuten garen bis er zart ist.

Bohnen
Die weißen Bohnen am Vortag für mindestens 8 Stunden in kaltem Wasser einweichen. Zwiebel vierteln, Knoblauchzehe fein würfeln und in Olivenöl anschwitzen. Die Bohnen abgießen, etwas abtropfen lassen und dazugeben. Den Geflügelfond angießen, aufkochen und ca. 30 Minuten sprudelnd kochen lassen.
In der Zwischenzeit die Karotte würfeln, den Knollensellerie schälen und ebenfalls würfeln und beides zu den Bohnen geben. Leicht salzen und pfeffern, die Hitze reduzieren und die Bohnen zu Ende garen.
Die Schnippelbohnen und grünen Bohnen in Salzwasser bissfest garen, in Eiswasser abschrecken und zu den weißen Bohnen geben. Die Tomaten vierteln und ebenfalls zu den Bohnen geben. Die Bohnenkrautblättchen vom Zweig zupfen und die Bohnen damit abschmecken.

Calamaretti
Die geputzten Calamaretti mit Salz und Pfeffer würzen und in heißem Olivenöl braten. Nach 2 Minuten die Butter, den halbierten Knoblauch und den Thymianzweig dazugeben und kurz mitschwenken.

Anrichten
Den Schweinebauch in mundgerechte Stücke schneiden, mit den gegarten Calamaretti unter die Bohnen mischen und sofort servieren

Dazu können Sie eine Sauce Normande (Grundrezept Seite 221) reichen. Mit ihrem feinen Cidregeschmack passt sie bestens zu deftigen Fleisch- und Fischgerichten.

LUNGEN-HERZ-STRUDEL
MIT MARONEN UND PERLZWIEBELN

Ursprünglich kommt das Ragout von Lunge und Herz, mit dem wir den Strudelteig füllen, aus Österreich. Dort wird es Beuschel genannt und eigentlich vom Kalb zubereitet. Aber natürlich ist es auch vom Schwein ein echter Genuss.
Da es in der Zubereitung recht aufwendig ist, ist es ratsam gleich mehr zu machen und die Reste gegebenenfalls einzufrieren.

Zutaten für 8–10 Personen
Zubereitungszeit 4 Stunden
Vorbereitungszeit 2–3 Tage

Beuschel
1 frische Schweinelunge
1 frisches Schweineherz
1 Lauchstange
1 Karotte
1 Knollensellerie
2 Lorbeerblätter
4 Wacholderbeeren
4 Nelken
6 Pfefferkörner
1 Liebstöckelzweig
1 Thymianzweig
Salz

Beuschel
Die Lunge von groben Röhren befreien. Das Herz aufschneiden, Blut abspülen und die dicken Arterien abschneiden. In kaltem Wasser ca. 8 Stunden wässern, ab und zu die Lunge massieren, um das restliche Blut herauszudrücken. Einige Male das Wasser wechseln oder ein wenig frisches Wasser nachlaufen lassen.
Die Lunge und das Herz in Salzwasser mit dem grob geschnittenen Gemüse, den Gewürzen und Kräutern in ca. 3 Stunden weich kochen. Mit einer Schüssel Wasser die Lunge beschweren, so bleibt sie unter Wasser und gart gleichmäßig. Über Nacht im Kochfond auskühlen lassen.
Die Lunge und das Herz aus dem Fond nehmen, mit kaltem Wasser abwaschen und trocken tupfen. Zunächst in dünne Scheiben, dann in dünne Streifen schneiden.

Sauce

100 g Butter
150 g Mehl
je 1 Schuss Essig und Essiggurkensaft
500 ml Kochfond vom Beuschel
100 g leicht geräucherter Bauchspeck
80 g Essiggurken
1 Knoblauchzehe
Salz, Pfeffer, Majoran

Strudelteig

300 g Mehl
1 Prise Salz
40 ml Öl
100 g flüssige Butter

Maronen und Perlzwiebeln

50 g Zucker
30 Perlzwiebeln
4 cl Estragonessig
5 EL brauner Grundfond
(Grundrezept Seite 218)
30 gegarte Maronen

Anrichten

8–10 EL Cranberrykompott

Mehr Kraft und Aroma bekommt das Beuschel wenn man es über Nacht in der Sauce ziehen lässt. Das Maronen-Perlzwiebel-Gemüse lässt sich gut durch Äpfel und Karotten ergänzen.

Sauce

Die Butter in einem Topf erhitzten, unter ständigem Rühren das Mehl einrühren und dunkelbraun anrösten. Mit einem guten Schuss Essig und Essiggurkensaft ablöschen. Unter kräftigem Rühren den kalten Kochfond angießen, aufkochen und 10 Minuten köcheln lassen. Die Streifen von Herz und Lunge dazugeben, die Hitze reduzieren und ca. 30 Minuten ziehen lassen.
Den Bauchspeck knusprig anbraten, die Essiggurken in Streifen schneiden, beides zum Beuschel geben und einige Minuten ziehen lassen.
Mit geriebenem Knoblauch, Salz, Pfeffer und Majoran würzen. Die Masse danach für den Strudel kalt stellen.

Strudelteig

Das Mehl in eine Schüssel sieben, Salz, Öl und 150 Milliliter lauwarmes Wasser dazugeben. Von Hand so schnell wie möglich zu einem geschmeidigen Teig verarbeiten. Zu einer Kugel drehen, in ein Stück geölte Klarsichtfolie einrollen und ca. 1 Stunde an einem warmen Ort ruhen lassen.
Den Backofen auf 200 °C vorheizen. Ein großes Küchentuch gut mit Mehl bestäuben. Den Strudelteig auf das Tuch geben und vorsichtig auseinanderziehen, bis er hauchdünn ist. Am besten geht das zu zweit, dann lässt sich der Teig auf 1 x 1 Meter ziehen.
Den Teig mit der flüssigen Butter beträufeln, in 8–10 Stücke teilen, die Beuschelmasse darauf verteilen und mithilfe des Tuchs zu kleinen Strudeln rollen. Auf ein gefettetes Backpapier legen und mit flüssiger Butter großzügig bestreichen. In den Backofen geben und in ca. 20 Minuten goldbraun backen.
Aus dem Teig lässt sich auch ein großer Strudel rollen. Bis zu einem Durchmesser von 7–8 Zentimetern ist er ebenfalls in 20 Minuten gar, sollte er größer werden, verlängert sich die Garzeit um 5–10 Minuten.

Maronen und Perlzwiebeln

Den Backofen auf 170 °C vorheizen. Den Zucker in einem ofenfesten Topf karamellisieren. Die Perlzwiebeln schälen und zum Zucker geben. Mit dem Essig ablöschen, den Grundfond dazugeben und für ca. 20 Minuten in den Backofen geben. Den Topf aus dem Ofen nehmen, die Maronen dazugeben, mit Salz und Pfeffer würzen und ohne Hitzezufuhr etwa 5 Minuten ziehen lassen.

Anrichten

Das Maronen-Perlzwiebel-Gemüse auf einem Teller anrichten, die kleinen Strudel daneben platzieren und mit etwas Cranberrykompott servieren. Haben Sie einen großen Strudel zubereitet, wird dieser in Scheiben geschnitten und ebenfalls mit Gemüse und Kompott serviert.

LEBERKNÖDEL
IM GEMÜSE-POT-AU-FEU

Zutaten für 4 Personen
Zubereitungszeit 1 ½ Stunden

Leberknödel
200 g Schweineleber
1 altbackenes Brötchen
1 kleine Zwiebel
1 EL Schweineschmalz
60 g Schweinehackfleisch
2 Eier
1 EL gehackte glatte Petersilie
1 TL gehackter Majoran
50 g leicht geräucherter Bauchspeck
je 1 Msp. fein gehackte Kapern und Sardellen
½ TL fein gehackter Knoblauch
Salz, Pfeffer

Gemüse-Pot-au-feu
3 Karotten
1 kleiner Knollensellerie
1 Kohlrabi
½ Blumenkohlkopf
1 Steckrübe
8 Kartoffeln
4 kleine Lauchzwiebeln
4 Bohnen
2 EL Olivenöl
1 l Geflügelfond 1 (Grundrezept Seite 218)
Kräuter nach Geschmack (Kerbel, glatte Petersilie, Liebstöckel)
Salz, Zucker, Pfeffer, Muskat

Anrichten
je 1 EL geschmelzte Zwiebelwürfel, Semmelbrösel und gehackte Petersilie
4 Scheiben geräucherter Speck
frischer Meerrettich

Leberknödel
Die Schweineleber im Mixer zerkleinern oder bereits durchgelassen beim Metzger kaufen. Das Brötchen in Wasser einlegen und durchweichen lassen, dann gut ausdrücken. Zwiebel fein hacken und in Schmalz anschwitzten. Leber, Brötchen, angeschwitzte Zwiebel, Schweinehackfleisch, Eier, Petersilie und Majoran zu einer geschmeidigen Masse kneten.
Den Speck würfeln, anrösten und zu der Masse geben. Mit Kapern, Sardellen und Knoblauch würzen und mit Salz und Pfeffer abschmecken. Gut verrühren und aus der Masse vier gleich große Knödel drehen.

Gemüse-Pot-au-feu
Das Gemüse waschen, gegebenenfalls schälen und schließlich beliebig in Form schneiden. In einem Topf mit dem Olivenöl anschwitzen, mit Salz, Pfeffer, etwas Zucker und Muskat würzen. Den Geflügelfond angießen, einmal aufkochen lassen und die Leberknödel dazugeben. Auf kleiner Flamme etwa 20 Minuten ziehen lassen, kurz vor Garende die frisch gehackten Kräuter dazugeben.

Anrichten
Zwiebelwürfel, Semmelbrösel und gehackte Petersilie mischen und mit dem Speck auf den Knödeln anrichten. Mit frisch geriebenem Meerrettich garniert servieren.

GEFÜLLTE SCHWEINEMILZ

AUF KÜRBISPÜREE MIT GERÖSTETEN KÜRBISKERNEN UND KÜRBISKERNÖL

Zutaten für 4 Personen
Zubereitungszeit 1 ½ Stunden

Gefüllte Milz
1 frische Schweinemilz
20 g Pistazien
20 g Kochschinken
80 g Farce (Grundrezept Seite 221)
½ TL fein gehackter Majoran
1 EL fein geschnittener Schnittlauch
100 g Schweinenetz
1 EL Öl
1 EL Butter
Salz, Pfeffer

Kürbispüree
1 Schalotte
50 g Butter
200 g Kürbisfleisch
100 ml Geflügelfond 1 (Grundrezept Seite 218)
2 EL Crème fraîche
Salz, Pfeffer, Muskat, Zucker

Anrichten
Kürbiskerne
Kürbiskernöl (so frisch wie möglich, Aroma lässt mit der Zeit nach)

Gefüllte Milz
Vorsichtig mit einem scharfen Messer die fette Sehne der Milz entfernen, dabei die Milz nicht durchschneiden. Den Backofen auf 180 °C vorheizen
Die Pistazien halbieren, den Kochschinken in kleine Würfel schneiden. Die Farce mit den Pistazien, dem Kochschinken, Majoran und Schnittlauch gut vermischen. Mithilfe eines Spritzsacks die Masse in die Milz spritzen und die Milz mit dem frischen Schweinenetz umwickeln. Nun die Milz würzen und in Öl und Butter auf beiden Seiten braun anbraten. Für ca. 10 Minuten in den Backofen geben und anschließend einige Minuten ruhen lassen.

Kürbispüree
Schalotte fein schneiden und in der Butter ohne Farbe anschwitzen. Das Kürbisfleisch würfeln, zu der Schalotte geben, mit Salz, Pfeffer, Zucker und Muskat würzen und ein wenig mitschwitzen. Mit dem Geflügelfond auffüllen und ca. 15 Minuten kochen lassen, gelegentlich umrühren.
Das weiche Kürbisfleisch im Mixer zu einer geschmeidigen Masse verarbeiten und durch ein Sieb streichen. Danach die Crème fraîche unterrühren und nochmals abschmecken.

Anrichten
Das Kürbispüree auf die Teller geben, die Milz aufschneiden und auf dem Kürbispüree anrichten. Mit gerösteten Kürbiskernen und Kürbiskernöl garnieren.

Wer möchte kann noch gebackene Kürbisstreifen dazu servieren. Dazu etwas Kürbisfleisch in Streifen schneiden und bei 100 °C im Backofen etwa 90 Minuten trocknen.

HIRNSOUFFLÉ
MIT GLASIERTEM FLUSSAAL UND WURZELGEMÜSE

Zutaten für 4 Personen
Zubereitungszeit 80 Minuten

Soufflé
200 g frisches Schweinehirn
30 g Schalotten
60 g Butter
60 g Mehl
100 ml Milch
2 Eigelb
2 EL gehackter Schnittlauch
1 TL gehackter Dill
2 Eiweiß
1 Prise Zucker
Salz, Pfeffer, Muskat

Gemüse
2 Karotten
2 Schwarzwurzeln
8 Lauchzwiebeln
4 kleine Kartoffeln
1 Kohlrabi
1 EL Butter
4 cl Noilly Prat
250 ml brauner Grundfond (Grundrezept Seite 218)
150 g geräucherter Flussaal ohne Gräten und Haut
50 g französische Salzbutter
Salz, Pfeffer, Muskat

Anrichten
4 Kartoffeln
2 EL geklärte Butter
Salz

Soufflé
Das Schweinehirn in einer Mulinette zerkleinern, anschließend durch ein Sieb streichen.
Die Schalotten fein würfeln und in der Butter sanft anschwitzen. Das Mehl einrühren, die Milch dazugießen und unter Rühren zu einer dicken cremigen Sauce kochen. Mit Salz, Pfeffer und Muskat abschmecken.
Die Eigelbe einzeln unter die heiße Sauce rühren, abkühlen lassen und wenn die Masse handwarm ist, das Schweinehirn und die Kräuter unterheben. Das Eiweiß mit der Prise Zucker zu Schnee schlagen und vorsichtig unter die Hirnmasse heben.
Den Backofen auf 180 °C vorheizen, die Hirnmasse in gebutterte Förmchen füllen und in einem Wasserbad im Backkofen ca. 35 Minuten backen. Das Soufflé sollte schön aufgehen und leicht gebräunt sein. Während des Backens die Tür nicht öffnen, sonst fällt das Soufflé zusammen.

Gemüse
Das Gemüse waschen, gegebenenfalls schälen und in kleine Stücke schneiden. In der Butter sanft anschwitzen, mit Noilly Prat ablöschen und mit dem braunen Fond auffüllen. Das Gemüse darin weich garen. Den Aal in Rauten schneiden, zum weichen Gemüse hinzugeben und mit der klein gewürfelten Salzbutter abbinden.

Anrichten
Den Backofen auf 200 °C vorheizen. Die Kartoffeln in dünne Scheiben schneiden, salzen, etwas ziehen lassen und danach trocken tupfen. Auf ein mit Backpapier ausgelegtes Backblech rosettenförmig auslegen und mit der geklärten Butter bestreichen. Etwa 8 Minuten im Ofen knusprig backen.
Die Rosetten auf die Teller geben, das Gemüse darauf anrichten und mit den Soufflés servieren.

RAVIOLI VON GEPÖKELTEN SCHWEINENASEN
UND HÜHNEREI AUF RAHMSPINAT UND PERIGORD-TRÜFFELN

Zutaten für 4 Personen
Zubereitungszeit 1 Stunde
Pökelzeit 3 Tage

Ravioli

2 Schweinenasen
Pökellake (Grundrezept Seite 223)
500 ml Geflügelfond 1 (Grundrezept Seite 218)
1 Schalotte
50 g Butter
100 g Blattspinat
1 EL Crème fraîche
1 Nudelteig (Grundrezept Seite 219)
4 Eigelb
Salz, Pfeffer, Muskat

Rahmspinat

2 Schalotten
30 g Butter
300 g Blattspinat
100 ml Sahne
Salz, Pfeffer, Muskat

Anrichten

50 g Parmesan
30–40 g Perigord-Trüffel

Ravioli

Die Schweinenasen zunächst für 3 Tage in der Pökellake einlegen und kühl lagern. Danach im Geflügelfond in etwa 1 Stunde weich kochen, ausstechen und in kleine Würfel schneiden. Die Schalotte fein würfeln und in etwas Butter glasig dünsten. Den Spinat kochen, gut ausdrücken, fein hacken und mit den Schalotten vermengen. Die gewürfelten Schweinenasen dazugeben, mit der Crème fraîche abbinden und mit Salz, Pfeffer und Muskat würzen.
Den Ravioliteig dünn ausrollen, die Schweinenasen-Spinat-Masse in vier Teilen auf einer Hälfte des Teigs verteilen. Mit einem Löffel eine Kuhle in die Masse drücken und vorsichtig jeweils ein Eigelb hineingleiten lassen. Nun die andere Hälfte Ravioliteig darüberlegen und um die Füllung herum sorgfältig verschließen. Die Ravioli ausstechen und ca. 5 Minuten in heißem, aber nicht mehr kochendem Wasser ziehen lassen.

Rahmspinat

Die Schalotten fein würfeln und in der Butter glasig dünsten. Den Blattspinat blanchieren, in eiskaltem Wasser abschrecken, kräftig ausdrücken und klein schneiden. Zu den Schalotten geben, würzen, mit der Sahne vermengen und aufkochen lassen. Den Spinat im Mixer zu einer cremigen Sauce verarbeiten und erneut abschmecken.

Anrichten

Die Ravioli auf dem Rahmspinat anrichten, etwas Parmesan und den Trüffel darüberhobeln.

Am besten schmecken die Ravioli, wenn das Eigelb noch weich ist und beim Anschneiden aus den Ravioli herausläuft.

MÜLLERS BLUTWURST IN BLATTGOLD

MIT KALBSBRIES, BITTERORANGE UND ZARTBITTERSCHOKOLADE AUF GEBRANNTER BROTSAUCE

Zutaten für 20 Würste
Zubereitungszeit 3 Stunden

Blutwurst

200 g frisches Kalbsbries
1 EL Mehl
2 EL Butter
1 rote Zwiebel
35 g Zartbitterschokolade
50 g Bitterorangenmarmelade
1 l frisches Schweineblut
150 ml Sahne
½ TL geröstete Korianderkörner
Lammdärme
Salz, Muskat, Cayennepfeffer, Zimt, Majoran

Brotsauce

2 Scheiben Bauernbrot mit Kruste
2 Schalotten
30 g Butter
2 cl Weißwein
2 cl Noilly Prat
500 ml Geflügelfond 1 (Grundrezept Seite 218)
250 ml Sahne
2 EL Gänselebermousse (Rezept Seite 93)
Salz, Pfeffer, Nelke

Anrichten

je 1 Blattgold pro Teller
4 getrocknete Tomaten
2 TL Johannisbeergelee

Blutwurst

Das Kalbsbries in Scheiben schneiden, mit Salz und Pfeffer würzen und mit Mehl bestäuben. In etwas Butter goldbraun braten, danach abkühlen lassen und in kleine Würfel schneiden. Die Zwiebel fein würfeln und in der restlichen Butter glasig anschwitzen. Die Schokolade im Wasserbad schmelzen und mit der Marmelade vermengen.
Das Schweineblut durch ein feines Sieb laufen lassen und mit der Sahne vermischen. Die übrigen Zutaten daruntermischen und mit den gemahlenen Korianderkörnern, Salz sowie den restlichen Gewürzen abschmecken.
Die Masse in die gewässerten Lammdärme füllen, zu kleinen Würsten abbinden und in 80 °C heißem Wasser ca. 30 Minuten gar ziehen lassen.

Brotsauce

Den Backofen auf 120 °C vorheizen, die Brotscheiben in Würfel schneiden und im Ofen goldbraun rösten. Die Schalotten fein würfeln, in Butter anschwitzen, mit Wein und Noilly Prat ablöschen und fast komplett reduzieren lassen. Die Brotwürfel dazugeben, den Geflügelfond angießen und erneut fast komplett reduzieren. Nun die Sahne dazugeben, aufkochen lassen und die Gänselebermousse mit einem Pürierstab gut untermixen. Abschmecken und durch ein Haarsieb passieren.

Anrichten

Die heiße Blutwurst in Blattgold einschlagen, mit der Sauce, getrockneten Tomaten und Johannisbeergelee servieren.

GERÄUCHERTE BRATWURST

MIT ERDFRÜCHTERAGOUT IM KRÄUTERSUD MIT PERIGORD-TRÜFFELN

Zutaten für 4 Personen
Zubereitungszeit 1 Stunde

Geräucherte Bratwurst
4 Bratwürste (Rezept Seite 72)
100 g Räuchermehl

Erdfrüchte
2 Karotten
1 Steckrübe
2 Schwarzwurzeln
10 Perlzwiebeln
2 Petersilienwurzeln
1 Knollensellerie
4 kleine Kartoffeln
4 lila Kartoffeln z. B. All Blue, Edgecote Purple, Shetland Black
50 g Butter
200 ml Geflügelfond 1 (Grundrezept Seite 218)
Salz, Pfeffer, Zucker, Muskat

Kräutersud
200 ml kräftiger Geflügelfond 1 (Grundrezept Seite 218)
200 g Kräuter nach Geschmack (Kerbel, glatte Petersilie, Basilikum, Koriander, Brennnessel, Estragon, Schnittlauch)
30 g französische Kräuterbutter
100 ml bestes Olivenöl

Anrichten
40 g Perigord-Trüffeln

Geräucherte Bratwürste
Die Bratwürste 7 Minuten räuchern, die Anleitung dazu finden Sie in den Grundrezepten auf Seite 223. Anschließend werden die Würste goldbraun gebraten.

Erdfrüchte
Den Backofen auf 160 °C vorheizen. Das Gemüse waschen, gegebenenfalls schälen, in kleine Stücke schneiden und in einem Schmortopf mit Butter gut anschwitzen. Würzen und mit dem Geflügelfond auffüllen. Im Backofen ca. 20 Minuten garen, ab und zu umrühren.

Kräutersud
Den Geflügelfond aufkochen. Die Kräuter grob hacken, zum Fond geben und gut pürieren. Nach und nach die Butter und das Olivenöl einmixen, bis ein feiner grüner Fond entsteht. Vor dem Servieren mit dem Stabmixer leicht aufschäumen.

Anrichten
Das Erdfrüchteragout in tiefe Teller geben, mit dem aufgeschäumten Kräutersud beträufeln und die Bratwürste darauflegen. Frischen Perigord-Trüffel darüberhobeln und servieren.

Bereiten Sie die Bratwürste selbst zu, sollten die Würste vor dem Räuchern komplett erkaltet sein.

BRATKARTOFFELN MIT BLUTWURST
UND SPIEGELEI

Zutaten für 4 Personen
Zubereitungszeit 40 Minuten

400 g Kartoffeln
16 Perlzwiebeln
30 g Zucker
20 g Butter
2 EL Estragonessig
2 EL Butterschmalz
160 g Blutwurst oder Boudin noir
1 Apfel (Boskop)
80 g leicht geräucherter Bauchspeck
1 Essiggurke
½ Bd. Lauchzwiebeln
4 Eier
etwas frischer Majoran
Salz, Pfeffer, Zimt

Die Kartoffeln mit der Schale kochen. Die Perlzwiebeln 30 Minuten in lauwarmes Wasser legen, so lassen sie sich leichter schälen. Den Backofen auf 160 °C vorheizen. In einem kleinen Topf den Zucker karamellisieren, die geschälten Zwiebeln und die Butter dazugeben, mit dem Estragonessig ablöschen und im Backofen 30 Minuten garen.

In der Zwischenzeit die gekochten Kartoffeln schälen und in etwas dickere Scheiben schneiden. In einer heißen Pfanne das Butterschmalz erhitzen und die Kartoffelscheiben darin goldbraun anbraten. Die Blutwurst in kleine Stücke schneiden, dazugeben und ein paar Minuten mitbraten, sodass sie schön kross wird.

Den Apfel und den Bauchspeck würfeln, die Essiggurke in Streifen und die Lauchzwiebeln in feine Scheiben schneiden und zu den Bratkartoffeln geben. Mit Salz, Pfeffer und etwas Zimt abschmecken und kurz vor dem Servieren die karamellisierten Perlzwiebeln dazugeben.

Die Spiegeleier kross braten. Die Bratkartoffeln auf Tellern anrichten, die Spiegeleier obenauf setzten und mit frisch gezupftem Majoran garnieren.

GEBACKENE CANNELLONI VOM WILDSCHWEIN
MIT GLASIERTEN MARONEN UND FRÜCHTEN

Zutaten für 4 Personen
Zubereitungszeit 2 Stunden

Cannelloni
1 Wildschweinfilet (300–400 g)
40 g geröstete Haselnüsse
80 g pochierte Wirsingblätter
100 g Steinpilze
1 EL Butter
3 EL Farce
(Grundrezept Seite 221)
8 Blatt Frühlingsrollenteig
1 Eiweiß
Salz, Pfeffer

Maronen
4 Backpflaumen
4 getrocknete Aprikosen
200 ml roter Portwein
2 EL reduzierte Wildsauce
(Grundrezept brauner Grundfond Seite 218)
16 gegarte Maronen
16 Brombeeren
1 Msp. Senfpulver
1 Msp. Cayennepfeffer

Cannelloni
Das Wildschweinfilet in kleine Würfel schneiden. Die Haselnüsse und den Wirsing hacken und miteinander vermischen. Die Steinpilze hacken, in etwas Butter sautieren und unter die Wirsingmasse mischen. Die Fleischfarce dazugeben und gut verrühren. Die Masse auf die 8 Frühlingsrollenblätter verteilen, die Ränder mit leicht verquirltem Eiweiß einpinseln, die Blätter zusammenrollen und die Enden wie Bonbons zusammendrehen. In etwa 170 °C heißem Öl ca. 7 Minuten ausbacken.

Maronen
Die Backpflaumen und die Aprikosen vierteln, zusammen mit dem Portwein und der Wildsauce 5 Minuten kochen. Danach die Maronen und die Brombeeren dazugeben, einige Minuten ziehen lassen und mit Senfpulver und Cayennepfeffer würzen.

Anrichten
Die Maronen auf Tellern anrichten und die Cannelloni darauf platzieren.

Zu den Cannelloni passen statt der Preiselbeeren auch hervorragend kleine Zwiebelchen, Apfel- oder Birnenwürfel.

SUPPEN

MÜLLERS WURSTSUPPE
MIT BLUT- UND LEBERWURST

Die auch Metzelsuppe genannte Spezialität entsteht normalerweise direkt beim Schlachten und Wursten (siehe Seite 43). Es handelt sich um die kräftige Brühe, die beim Kochen von Fleisch und Wurst entsteht. Zum Teil bleiben Fleischteile und geplatzte Würste in der Brühe zurück. So ist die Wurstsuppe das Erste, was man nach einer Hausschlachtung und dem damit verbundenen arbeitsreichen Tag genießen kann.

Zutaten für 4 Personen
Zubereitungszeit 40 Minuten

1 kleine Zwiebel
50 g fetter Bauchspeck
1 EL Öl
1 l Fleischbrühe (am besten von gekochtem Schweinefleisch)
1 hausgemachte Blutwurst (Rezept Seite 69)
1 hausgemachte Leberwurst (Rezept Seite 69)
100 g gekochtes, nicht zu mageres Schweinefleisch
1 TL gehackter Majoran
1 TL gehackte glatte Petersilie
Salz, Pfeffer

Die Zwiebel und den Bauchspeck fein würfeln und in etwas Öl anschwitzen. Mit der Brühe auffüllen und aufkochen lassen. Danach die Blut- und die Leberwurst aus dem Darm drücken und in die heiße Brühe rühren. Das gekochte Schweinefleisch klein schneiden oder durch einen Fleischwolf lassen und ebenfalls in die Brühe geben. Mit den Kräutern, Salz und Pfeffer verfeinern und abschmecken.

Dazu servieren Sie ein Griebenschmalzbrot, ein belegtes Bauernbrot oder einfach knusprige Brotwürfel.

SUPPE VON GEKOCHTEN RIPPCHEN
MIT SHIITAKEPILZEN

Zutaten für 4 Personen
Zubereitungszeit 1 ½ Stunden

1 l Geflügelfond 2 (Grundrezept Seite 218)
300 g Schweinerippchen (einzelne Rippen, vom Metzger in ca. 3 cm große Stücke zerteilen lassen)
2 Karotten
1 kleiner Knollensellerie
100 g Shiitakepilze
1 EL Rapsöl
1 EL Sesamöl
2 Limettenblätter
4 Korianderzweige
1 Bd. Lauchzwiebeln
2 cl Austernsauce
1 cl dunkle Sojasauce
4 Chilischoten
Chilifäden zum Garnieren
Salz, Pfeffer

Den Geflügelfond zum Kochen bringen, Rippchen dazugeben und weich kochen. Anschließend herausnehmen und auskühlen lassen.
Karotten und Sellerie schälen und in Julienne schneiden. Die Shiitakepilze vom Stiel befreien und eventuell halbieren. Die beiden Öle im Wok erhitzen und die Rippchen und die Shiitakepilze goldbraun anbraten. Mit dem Geflügelfond auffüllen, Karotten, Sellerie und Limettenblätter dazugeben und ein paar Minuten garen.
Die Korianderblätter hacken, die Lauchzwiebeln in feine Ringe schneiden und in die Suppe geben. Mit Austern- und Sojasauce würzen, eventuell mit Salz und Pfeffer abschmecken.
Die Chilischoten so halbieren, dass sie am Strunk zusammenbleiben. Die Kerne auskratzen und die Hälften nochmals bis zum Strunk halbieren. Für ca. 30 Minuten in Eiswasser legen, so gehen sie schön auf, sind nicht mehr zu scharf und können als Garnitur dienen.
Vor dem Servieren die Limettenblätter aus der Suppe entfernen, schließlich mit Chilifäden servieren.

Zu der Suppe passen außerdem noch mitgegarter Pak Choi, verschiedene Sprossen, Eier- oder Reisnudeln.

KARTOFFELSUPPE
MIT BLUT- UND LEBERWURST

Zutaten für 4 Personen
Zubereitungszeit 40 Minuten

80 g Schwarzwälder Schinken (am besten vom Bauchstück)
1 mittelgroße Zwiebel
1 Lauchstange (nur das Weiße)
60 g Karottenwürfel
60 g Knollenselleriewürfel
40 g Butter
400 g Kartoffeln
1 l Geflügelfond 1 (Grundrezept Seite 218)
80 g Crème fraîche
2 Blutwürste
2 Leberwürste
1 EL Öl
2 Scheiben Graubrot
1 EL Butter
50 g geräucherter Bauchspeck
1 EL gehackter Majoran
1 EL gehackte glatte Petersilie
etwas Majoran zum Garnieren
Salz, Pfeffer, Muskat

Den Schwarzwälder Schinken würfeln und in einem Topf anschwitzen. Die Zwiebel ebenfalls würfeln, den Lauch fein schneiden, mit den Karotten- und Selleriewürfeln und der Butter zum Schinken geben und farblos anschwitzen. Die Kartoffeln schälen und grob würfeln, in den Topf geben und mit dem Geflügelfond auffüllen. Etwa 30 Minuten köcheln lassen, bis die Kartoffeln und das Gemüse weich sind. Die Crème fraîche dazugeben, mit Salz, Pfeffer und Muskat würzen und die Suppe pürieren.
Die Würste in Scheiben schneiden und in wenig Öl anbraten. Das Graubrot in kleine Würfel schneiden und mit etwas Butter und Öl in einer Pfanne kross rösten. Den Speck ebenfalls würfeln und kross anbraten.
Majoran, Petersilie, Speck- und Brotwürfel über die Suppe streuen und mit der Wurst und einigen Majoranblättchen servieren.

Kleine Blut- und Leberwürste können Sie in etwas Brühe erhitzen und dann ebenfalls in der Suppe servieren.

RETTICH-INGWER-SUPPE
MIT SESAMLEBER

Zutaten für 4 Personen
Zubereitungszeit 40 Minuten

Rettich-Ingwer-Suppe
300 g roter Rettich
50 g Schalotten
50 g Butter
50 g Ingwer
1 Knoblauchzehe
2 cl Fischsauce
700 ml Geflügelfond 2 (Grundrezept Seite 218)
2 Limettenblätter
200 ml Sahne
Saft von 1 Limette
Salz, Pfeffer, Bergpfeffer

Sesamleber
4 Scheiben frische Schweineleber à etwa 80 g
1 EL Reismehl
1 Eiweiß
2 EL weißer Sesam
2 EL Öl
Salz, Pfeffer

Anrichten
4 Radieschen
feine Radieschenblätter
Salz, Pfeffer, Muskat

Rettich-Ingwer-Suppe
Den roten Rettich waschen und in kleine Würfel schneiden. Die Schalotte ebenfalls fein würfeln und mit dem Rettich in der Butter anschwitzen. Den Ingwer und den Knoblauch reiben, zum Rettich geben und kurz mitschwitzen. Mit der Fischsauce ablöschen und den Geflügelfond angießen. Einmal aufkochen lassen, Limettenblätter dazugeben und köcheln lassen, bis der Rettich gar ist. Sahne dazugeben und einmal aufkochen lassen. Die Limettenblätter entfernen, die Suppe pürieren und anschließend durch ein feines Sieb gießen. Mit dem Limettensaft und den Gewürzen nochmals fein abschmecken.

Sesamleber
Die Schweineleber in feine Streifen schneiden. Etwas würzen und mit dem Reismehl bestäuben. Anschließend durch das leicht angeschlagene Eiweiß ziehen und im weißen Sesam wälzen. Öl im Wok erhitzen und die Leberstreifen darin goldbraun braten.

Anrichten
Die Suppe in die Teller geben und mit der Leber, den Radieschen und einigen feinen Radieschenblättern servieren.

GEMÜSEEINTOPF
MIT GEFÜLLTEN SCHWEINEFÜSSEN

Zutaten für 4 Personen
Zubereitungszeit 1 Stunde
Kühlzeit etwa 12 Stunden

Gefüllte Schweinefüße

1 Schalotte
1 EL Butter
60 g Champignons
20 g Pistazien
10 g gehackte glatte Petersilie
1 Ei
100 g Schweinehackfleisch
evtl. etwas Perigord-Trüffel
200 g geräucherter Bauchspeck
1 ausgelöster Schweinefuß vom hinteren Spitzbein
200 g gewürfeltes Gemüse (Karotten, Zwiebeln, Sellerie)
1 EL Öl
1 Knoblauchzehe
Kräuter und Gewürze nach Geschmack (Liebstöckel, Thymian, Lorbeer, Wacholder, Nelken)
Salz, Pfeffer, Muskat, Koriander

Gemüseeintopf

2 Karotten
1 kleiner Knollensellerie
2 Petersilienwurzeln
¼ Blumenkohlkopf
2 große Kartoffeln
1 l Brühe von den Schweinefüßen
1 Bd. kleine Perl- oder Lauchzwiebeln
Salz, Pfeffer, Muskat

Anrichten

1 EL Öl
Majoran

Gefüllte Schweinefüße

Die Schalotte fein würfeln und in der Butter farblos anschwitzen. Die Champignons fein hacken und dazugeben, die entstehende Flüssigkeit komplett verdampfen lassen. Die Zwiebel-Pilz-Masse mit den gehackten Pistazien, der Petersilie, dem Ei und dem Hackfleisch gut vermischen. Den Trüffel hinzufügen und mit Salz, Pfeffer, Muskat und Koriander würzen.
Die Masse in den ausgelösten Schweinefuß füllen und mithilfe einer Nadel und etwas Küchengarn gut verschließen. Dann in ein Küchentuch wickeln und mit dem Küchengarn noch einmal fest umwickeln.
Den Bauchspeck würfeln und mit dem Gemüse in etwas Öl farblos anschwitzen. Mit ca. 2 Litern Wasser auffüllen und aufkochen. Die halbierte Knoblauchzehe, Kräuter, Gewürze und Salz dazugeben, den Schweinefuß hineingeben und ca. 3 Stunden bei geringer Hitzezufuhr ziehen lassen. Den Fuß über Nacht im Fond auskühlen lassen. Am nächsten Tag den Fuß aus der Brühe nehmen, den Fond aufkochen (da durch das Kollagen die Brühe etwas bindet) und schließlich durch ein Tuch seihen. Den Fuß aus dem Küchentuch nehmen und in Scheiben schneiden.

Gemüseeintopf

Karotten, Knollensellerie, Petersilienwurzel und Blumenkohl in gewünschte Stücke schneiden, die Kartoffeln würfeln und alles in die Brühe geben. Die Lauchzwiebeln mit dem Grün dazugeben und das Gemüse in der Brühe garen. Mit Salz, Pfeffer und Muskat abschmecken.

Anrichten

Die Schweinefußscheiben in etwas Öl anbraten und mit dem heißen Gemüseeintopf sowie etwas Majoran garniert servieren.

KICHERERBSENSUPPE
MIT SCHARFER PAPRIKABRATWURST

Zutaten für 4 Personen
Zubereitungszeit 1 ½ Stunden
Einweichzeit 8 Stunden

Kichererbsensuppe
200 g getrocknete Kichererbsen
50 g Bauchspeck
2 Schalotten
1 rote Paprika
1 Karotte
1 kleiner Knollensellerie
30 g Butter
2 l Geflügelfond 1 (Grundrezept Seite 218)
1 Knoblauchzehe
Abrieb von 1 Zitrone
1 EL gehackte Korianderblätter
½ TL Kreuzkümmelsamen
Salz, Pfeffer

Paprikabratwurst
4 grobe Bratwürste
1 Chilischote
1 EL gehackte glatte Petersilie
edelsüßes Paprikapulver
scharfes Paprikapulver
1 EL Öl

Anrichten
Chilistreifen
Bohnenkrautherzen

Kichererbsensuppe
Die Kichererbsen bereits am Vortag in eine Schüssel geben und mit reichlich kaltem Wasser bedecken. Am besten über Nacht, aber für mindestens 8 Stunden einweichen, anschließend durch ein Sieb abgießen.
Bauchspeck, Schalotten, Paprika, Karotte und Knollensellerie fein würfeln. In einem Topf die Butter erhitzen, zunächst den Bauchspeck und die Schalotten, dann die restlichen Gemüsewürfel anschwitzen, schließlich mit dem Geflügelfond auffüllen. Die Kichererbsen dazugeben, würzen, erhitzen und etwa 1 Stunde ziehen lassen, bis die Kichererbsen weich sind. Mit fein geriebenem Knoblauch, Zitronenabrieb, Koriander und gemahlenem Kreuzkümmel abschmecken.

Paprikabratwurst
Das grobe Bratwurstbrät aus dem Darm drücken und in einer Schüssel mit der fein gehackten Chili, Petersilie und Paprikapulver vermischen und abschmecken. Aus der Masse kleine Würstchen formen und in einer heißen Pfanne mit etwas Öl goldbraun braten.

Anrichten
Die Suppe mit den Würstchen, Bohnenkrautherzen und Chilistreifen servieren.

PILZESSENZ

MIT BRÄTKLÖSSCHEN, MAULTASCHEN, LEBERSPÄTZLE UND MILZSCHNITTE

Zutaten für 8 Personen
Zubereitungszeit 3 Stunden

Pilzessenz

100 g Karotten
100 g Knollensellerie
400 g gehackte Rinderwade (Hesse)
6 Wacholderbeeren
2 Lorbeerblätter
2 Nelken
8 Pfefferkörner
4 Pimentkörner
1 Thymianzweig
3–4 Petersilienstängel
100 g Eiswürfel
5 Eiweiß
3 l Geflügelfond 1 (Grundrezept Seite 218)
300 g Champignons (oder andere aromatische Pilze)
1 Knoblauchzehe
2 EL Olivenöl
1 Zwiebel
Salz

Brätklößchen

200 g mageres Schweinefleisch
180 ml Sahne
Fond zum Garen
Salz, Pfeffer, Muskat, Cayennepfeffer

Leberspätzle

200 g durchgelassene Schweineleber
3 Eier
1 EL gehackter Majoran
200 g Mehl
Salz, Pfeffer, Muskat

Pilzessenz

Karotte und Sellerie fein würfeln und mit der gehackten Rinderwade vermischen. Gewürze, Kräuter, Eiswürfel und Eiweiß ebenfalls gut miteinander vermischen und kräftig salzen. Die Gewürz-Eiweiß-Masse und die Gemüse-Fleisch-Masse zusammen in den kalten Geflügelfond geben und langsam erhitzen.
Die Pilze klein schneiden und mit dem halbierten Knoblauch im Öl gut braun anbraten. Die Pilze in den warmen Ansatz geben und unter ständigem Rühren aufkochen. Die Zwiebel mit der Schale halbieren und ohne Öl schön anrösten. Ebenfalls in die Brühe geben, die Hitze reduzieren und den Ansatz ca. 2 Stunden ziehen lassen. Durch das Erhitzen entsteht an der Oberfläche aus dem Fleisch und dem Eiweiß ein sogenannter Kuchen, in dem alle Trübstoffe gebunden sind. Den Kuchen abschöpfen, es bleibt eine bernsteinfarbene Essenz. Die leuchtende Essenz noch durch einen Kaffeefilter passieren.

Brätklößchen

Das Fleisch klein schneiden, mit Salz, Pfeffer, Muskat und Cayennepfeffer würzen und 1 Stunde kühl stellen. Das Fleisch grob kuttern, die Sahne nach und nach dazugeben und im Mixer zu einer geschmeidigen Masse verarbeiten. Diese Farce durch ein feines Sieb streichen und erneut kalt stellen. Kleine Klößchen formen und in heißem Fond garen.

Leberspätzle

Die Schweineleber mit den Eiern verrühren, mit Majoran, Salz, Pfeffer und Muskat würzen. Nach und nach das Mehl einrühren und so lange kräftig schlagen, bis der Teig Blasen wirft. Etwas Spätzlemasse auf ein angefeuchtetes Brett geben und mit einer Palette in kochendes Salzwasser schaben. Einmal aufkochen lassen und im kalten Wasser abkühlen. Mit dem restlichen Teig ebenso verfahren. Wer möchte, kann die Masse natürlich auch durch eine Spätzlepresse drücken.

Milzschnitte
1 Schalotte
20 g Butter
70 g durchgelassene Milz
1 TL fein gehackter Majoran
4 Scheiben Buttertoast
4 EL Öl
Salz, Pfeffer, Muskat

Maultaschen
Rezept Seite 190

Als Gemüseeinlage eigenen sich feine Pilz- und Lauchzwiebelstifte, Sellerie- und Karottenwürfel und feine Blumenkohlröschen in Scheiben. Einfach alles zum Erhitzen in die Pilzessenz geben und darin warm ziehen lassen. Frisch geschnittener Schnittlauch gibt dieser aufwendigen, aber herrlichen Suppe den letzten Schliff.

Milzschnitte
Die Schalotten fein schneiden, mit der Butter glasig dünsten und zu der durchgelassenen Milz geben. Mit Majoran, Salz, Pfeffer und Muskat würzen. Die Masse auf zwei der Toastbrote streichen, mit den restlichen Scheiben belegen, leicht andrücken und in beliebige Form schneiden. Die Milzschnitten in heißem Öl von beiden Seiten goldbraun braten.

Anrichten
Brätklößchen, Leberspätzle und Maultaschen in der Pilsessenz warm ziehen lassen, die Milzschnitten separat dazu servieren.

HAUPTGERICHTE

LACKIERTER SCHWEINEBAUCH
MIT AUSTERN UND TIEFSEEGARNELEN

Zutaten für 4 Personen
Zubereitungszeit 3 Stunden
Marinierzeit 24 Stunden

Schweinebauch
600 g Schweinebauch ohne Knochen
1 EL geröstete Korianderkörner
3 Knoblauchzehen
5 Limettenblätter
40 g Ingwer
3 Zitronengrasstängel
3 Chilischoten
½ Bd. frischer Koriander
4 EL Honig
150 ml Kochfond vom Bauch
150 ml dunkle Sojasauce
80 ml Reisessig
Salz

Austern und Garnelen
8 Tiefseegarnelen (Größe 8/12)
1 EL Öl
12 frische Austern
50 ml Marinade vom Bauch
etwas Speisestärke
Salz, japanischer Bergpfeffer

Anrichten
Erbsensprossen

Schweinebauch
Den Schweinebauch in kochendem Salzwasser 30 Minuten garen, herausnehmen, mit einem scharfen Messer die Schwarte ablösen und den Bauch auskühlen lassen. Die gerösteten Korianderkörner fein mörsern, den Knoblauch und die Limettenblätter grob hacken, den Ingwer schälen und fein würfeln, das Zitronengras fein schneiden, die Chilis vierteln und entkernen und den frischen Koriander hacken. Den Honig in dem heißen Kochfond auflösen, danach alle Zutaten dazugeben und den Schweinebauch darin abgedeckt im Kühlschrank 24 Stunden marinieren lassen. Am nächsten Tag den Schweinebauch aus der Marinade nehmen und mit einem Tuch trocken tupfen. Den Backofen auf 135 °C vorheizen. In einen Schmortopf etwas Wasser geben, den Schweinebauch mit der abgelösten Schwartenseite nach oben hineingeben und im Backofen 1 ½ Stunden garen. Gelegentlich mit dem Bratenfond übergießen, so entsteht eine knusprige, braune Kruste, die glänzt wie Lack.

Austern und Garnelen
Die Garnelen bis zur Hälfte einschneiden, aber nicht durchschneiden. Beim Garen rollt sich das Garnelenfleisch nach außen und sieht aus wie ein Schmetterling. Nun in einem Wok das Öl erhitzen und die Garnelen ca. 4 Minuten anbraten. Die Austern auslösen und dazugeben. Etwas Schweinebauchmarinade angießen, mit Salz und Bergpfeffer würzen, aufkochen und mit Speisestärke abbinden.

Anrichten
Den lackierten Schweinebauch mit den Austern und Garnelen sowie einigen Erbsensprossen servieren.

Reis und verschiedene kurz gegarte Wok-Gemüse dazureichen.

KOTELETT
MIT RATATOUILLE UND GEBACKENEN PARMESANKLÖSSCHEN

Zutaten für 4 Personen
Zubereitungszeit 1 ½ Stunden

Ratatouille
1 Zucchino
1 Aubergine
1 rote Paprika
1 gelbe Paprika
1 Zwiebel
4 Tomaten
2 EL Olivenöl
2–3 Oreganozweige
Salz, Pfeffer

Koteletts
4 Koteletts à 220 g
(z. B. vom Iberischen Schwein)
1 EL Öl
1 EL Olivenöl
2 Knoblauchzehen
1 Thymianzweig
1 Rosmarinzweig
Meersalz, Pfeffer

Parmesanklößchen
60 g Parmesan
45 g Butter
100 g Quark (ausgedrückt)
54 g Mie de pain (siehe Tipp)
3 Eigelb
3 TL Mehl
Öl zum Backen
Salz, Pfeffer, Muskat

Ratatouille

Den Backofen auf 200 °C vorheizen. Zucchino, Aubergine, Paprika, Zwiebel und Tomaten in gleich große und dicke Scheiben schneiden. Leicht salzen und pfeffern und auf einem mit Backpapier ausgelegten Blech abwechselnd zu vier Rosetten legen. Etwas Olivenöl darüberträufeln und im Backofen 20–30 Minuten garen. Aus dem Ofen nehmen und mit den abgezupften Oreganoblättchen würzen.

Koteletts

Den Backofen auf 220 °C vorheizen. Die Koteletts mit Salz und Pfeffer würzen und in einer heißen Eisenpfanne in etwas Öl von beiden Seiten kross anbraten. Im Backofen 6 Minuten garen. Erneut auf den Herd geben und die Koteletts bei mittlerer Hitze mit dem Olivenöl beträufeln. Den Knoblauch und die Kräuter fein hacken und zum Kotelett geben. 1 Minute sanft schmoren lassen und dabei immer wieder mit dem Kräuter-Öl-Sud begießen.

Parmesanklößchen

Alle Zutaten zu einem geschmeidigen Teig verrühren und mit Salz, Pfeffer und Muskat abschmecken. Etwa 20 Minuten kühl ruhen lassen und schließlich mit zwei Teelöffeln Nocken abstechen und in 175 °C heißem Öl goldbraun ausbacken.

Anrichten

Die Koteletts mit den Ratatouillerosetten und den Parmesanklößchen sofort servieren.

Mie de pain ist sehr fein gehacktes Weißbrot. Im Gegensatz zu Semmelbröseln wird es ohne die Brotrinde zubereitet.

GEFÜLLTE SCHWEINEBRUST

MIT GESCHMORTEM ENDIVIENSALAT UND WEINBERGSCHNECKEN

Zutaten für ca. 8 Personen
Zubereitungszeit 3 Stunden

Gefüllte Schweinebrust

250 ml Milch
170 g altbackene Semmeln
7 Eier
2 Schalotten
2 EL Butter
½ Bd. glatte Petersilie
2 Liebstöckelzweige
1 Thymianzweig
1 Schweinebrust (ca. 1½ kg)
2 EL Öl
200 g Röstgemüse (Zwiebeln, Karotten, Knollensellerie)
100 g Butter
250 ml Bier
50 g eiskalte Butterflocken
Salz, Pfeffer, Muskat

Endiviensalat

2 Endiviensalate
100 g Butter
250 ml Geflügelfond 1 (Grundrezept Seite 218)
2 hart gekochte Eier
2 Schalotten
2 Tomaten
1 EL gehackter Majoran
1 EL gehackte glatte Petersilie
12 Weinbergschnecken
80 g Croutons
Salz, Pfeffer

Gefüllte Schweinebrust

Die Milch erhitzen, über die Brötchen gießen und abgedeckt 10 Minuten ziehen lassen. Aus 3 Eiern und etwas Butter ein Rührei zubereiten.
Die Schalotten würfeln, in Butter andünsten und vom Herd nehmen. Die restlichen Eier verquirlen. Die Kräuter hacken und mit den abgekühlten Schalotten unter die Eier rühren. Die Masse würzen, die gebratenen Rühreier und das ausgedrückte Brötchen vorsichtig unterrühren.
Den Backofen auf 180 °C vorheizen. In die Schweinebrust eine tiefe Tasche schneiden, mit Salz und Pfeffer einreiben und mit der Eiermasse füllen. Die Brust anschließend mit etwas Küchengarn zunähen.
In einem Schmortopf von allen Seiten in etwas Öl anbraten, das Röstgemüse und die Butter dazugeben und 1½–2 Stunden im Ofen garen. Die Brust herausnehmen, den Bratensatz mit Bier ablöschen, aufkochen und durch ein Sieb streichen, mit Butterflocken abbinden.

Endiviensalat

Die Endiviensalate halbieren, den Strunk entfernen, danach in Butter leicht Farbe annehmen lassen. Mit dem Geflügelfond ablöschen, würzen, 2–3 Minuten köcheln lassen, den Salat dabei einige Male wenden und anschließend aus dem Fond nehmen. Die Eier, Schalotten und Tomaten würfeln und mit den Kräutern und Weinbergschnecken in den Fond geben, einmal aufkochen lassen und über den Salat geben, die Croutons darauf verteilen.

Anrichten

Die gefüllte Schweinebrust aufschneiden und mit dem Endiviensalat servieren.

SCHWEINERIPPCHEN
MIT SÜSSSAURER SAUCE

Zutaten für 4 Personen
Zubereitungszeit 1½ Stunden

Rippchen
600 g Rippchen (vom Metzger in 4–5 cm lange, einzelne Rippchen zerteilen lassen)
2 EL chinesischer Schnaps (Mou Tai oder Reiswhisky)
1 TL Zucker
1 Eigelb
1 EL Speisestärke (Reismehl)
Öl zum Frittieren
Salz, Pfeffer

Sauce
1 EL Öl
1 grüne Paprika
1 rote Paprika
3 EL Zucker
2 EL Reisessig
2 EL helle Sojasauce
2 EL pürierte Tomaten
1 EL Sesamöl
1 TL Tomatenmark
4 EL Geflügelfond 2 (Grundrezept Seite 218)
1 EL geröstete Korianderkörner
1 Chilischote
1 EL Speisestärke

Anrichten
einige Chilischoten oder gekauftes Chilistroh zum Garnieren

Rippchen
Die Rippchen in einer Schüssel mit dem Schnaps, Zucker, Salz und Pfeffer marinieren. Für etwa 40 Minuten kühl stellen, zwischendurch gelegentlich wenden. Die Rippchen aus der Marinade nehmen und etwas abtropfen lassen. Aus dem Eigelb, Speisestärke und etwas Wasser einen Teig herstellen und die Rippchen darin gut wälzen.
In einem Wok das Öl auf ca. 180 °C erhitzen, die Rippchen in einem ersten Durchgang ca. 5 Minuten knusprig frittieren. Während des Vorgangs die Rippchen mit einem Holzlöffel etwas bewegen, damit sie nicht aneinander kleben bleiben. Herausnehmen und etwas abtropfen lassen. Danach die Rippchen in einem zweiten Durchgang in 1–2 Minuten noch etwas Farbe annehmen lassen. Anschließend auf Küchenpapier abtropfen lassen, dabei warm halten.

Sauce
Etwas Öl in einem Wok sehr heiß werden lassen. Paprika in Streifen schneiden und im Wok für einige Sekunden anbraten. Zucker, Reisessig, Sojasauce, Tomaten, Sesamöl, Tomatenmark und Geflügelfond hinzufügen und zum Kochen bringen. Koriander fein mahlen, die Chili ohne Kerne fein hacken und die Sauce damit würzen. Die Speisestärke in etwas Wasser anrühren und die Sauce damit leicht abbinden.

Anrichten
Die Chilischoten entkernen, in feine Streifen schneiden und 1 Stunde in Eiswasser einlegen. Anschließend gut trocken tupfen und im Backofen bei 80 °C etwa 2 Stunden trocknen. Die Rippchen in die Sauce geben und mit dem Chilistroh garniert servieren.

Als Beilage empfehlen sich Reis und kurz gegartes Wok-Gemüse.

SCHWEINEFILET
IM FENCHEL-BROT-MANTEL

Zutaten für 4 Personen
Zubereitungszeit 2 Stunden

Brotmantel
6 Eigelb
50 g Zucker
10 g Salz
6 Eiweiß
20 g Zucker
5 g Salz
5 Eier
100 g Mehl
10 g Fenchelsamen

Filet
1 Schweinefilet (ca. 300–400 g)
20–30 ml Sahne
1 EL Öl
400 g Steinpilze
2 Schalotten
1 EL Butter
10 Walnüsse
½ Bd. Schnittlauch
10 Scheiben Parmaschinken
Salz, Pfeffer

Brotmantel
Eigelb, Zucker und Salz cremig schlagen. Eiweiß ebenfalls mit Zucker und Salz zu Schnee schlagen. Die restlichen Eier aufschlagen und unter die Eigelbmasse rühren. Nun den Eischnee und das gesiebte Mehl nach und nach unter die Masse heben. Die Fenchelsamen vorsichtig unterrühren.
Den Backofen auf 170 °C vorheizen. Den Teig ca. 2 Zentimeter hoch auf ein mit Backpapier ausgelegtes Blech streichen und im Backofen einige Minuten hell backen. Herausnehmen, auskühlen lassen und das Blech auf den Küchentisch stürzen. Das Backpapier mit kaltem Wasser einpinseln, danach lässt sich das Papier einfacher lösen und der Teig bleibt unverletzt.

Filet
Aus dem Schweinefiletkopf, der Filetspitze und etwas Sahne eine Farce herstellen (Grundrezept Seite 221). Das Mittelstück mit Salz und Pfeffer würzen und in etwas Öl von allen Seiten goldbraun anbraten. Auf einem Küchenpapier auskühlen lassen und trocken tupfen.
Den Backofen erneut auf 170 °C vorheizen. Die Steinpilze und Schalotten fein würfeln und in etwas Butter sautieren. Die Walnüsse rösten und hacken, den Schnittlauch fein schneiden und beides unter die Pilze mischen. Zwei Drittel der Farce dazugeben und gut verrühren.
Den Parmaschinken leicht überlappend zu einer Platte auslegen. Die Pilzfarce gleichmäßig darauf verstreichen und das Filet damit einwickeln. Von außen ganz leicht mit der restlichen Farce (ohne Pilze) einstreichen. Nun das Filet in den Brotmantel rollen und auf Backpapier im Backofen bei 170 °C ca. 30 Minuten backen.

Als Beilage Pilze oder Gemüse servieren. Wegen des Brotmantels brauchen wir keine Sättigungsbeilage dazuzureichen.

GERÄUCHERTE SCHWEINEZUNGEN

AUF STECKRÜBENGEMÜSE MIT PALFFYKNÖDELN

Zutaten für 4 Personen
Zubereitungszeit 2 Stunden
Vorbereitungszeit 4 Wochen

Steckrübengemüse

4 Steckrüben
100–150 g Meersalz

Palffyknödel

400 g ungesüßte Brioche oder Toastbrot
100 g Butter
100 ml Sahne
1 Schalotte
2 Eier
3 EL gehackte glatte Petersilie
1 TL gehackter Majoran
Salz, Pfeffer, Muskat

Geräucherte Schweinezunge

1 Karotte
1 Knollensellerie
1 Zwiebel
4 gepökelte Schweinezungen
Kräuter und Gewürze nach Geschmack (Thymian, Lorbeer, Nelke, Wacholder)

Anrichten

geschmelzte Weißbrotbrösel

Steckrübengemüse

Die Steckrüben von Strunk und Wurzel befreien, schälen und mit einem Sauerkrauthobel in Streifen hobeln. Nun schichtweise Steckrübenkraut und Salz in einen Tontopf drücken. Den gefüllten Tontopf mit einem feuchten Küchentuch abdecken und beschweren. Für 4 Wochen im kühlen Keller lagern, alle paar Tage das Tuch wechseln und mit etwas Wasser befeuchten. Wichtig ist, dass der Rand immer sauber ist! Nach vier Wochen kann man das Kraut wie Sauerkraut garen, es gart allerdings deutlich schneller als Sauerkraut.

Palffyknödel

Die Brioche entrinden, in kleine Würfel schneiden und in zwei Drittel der Butter goldgelb rösten. Die Hälfte der Sahne angießen. Die Schalotte fein würfeln und in der restlichen Butter andünsten. Die restliche Sahne dazugeben, etwa 2 Minuten köcheln lassen und anschließend zu der Briochemasse geben. Die Eier und die gehackten Kräuter dazugeben und gut miteinander verkneten. Die Masse 30 Minuten ruhen lassen, zu Knödeln formen und in kochendes Salzwasser geben. Die Hitze reduzieren und die Knödel abgedeckt ca. 13 Minuten ziehen lassen. Das Wasser darf jetzt auf keinen Fall mehr kochen.

Geräucherte Schweinezunge

Das Gemüse grob würfeln und mit den Zungen, den Kräutern und Gewürzen in etwa 2 Litern Wasser (die Zunge sollte gut bedeckt sein) weich garen. Die Zunge anschließend, wie auf Seite 223 ausführlich beschrieben, 10 Minuten räuchern.

Anrichten

Die geräucherten Zungen auf dem Kraut anrichten. Die Knödel mit geschmelzten Weißbrotbröseln garnieren und zu den Zungen servieren.

Dazu schmeckt frisch geriebener Meerrettich.

GLACIERTES SCHWEINEHERZ
MIT GETRÜFFELTEN ÄPFELN UND SELLERIEPÜREE

Zutaten für 4 Personen
Zubereitungszeit 2 Stunden

Schweineherzen
1 Karotte
1 Knollensellerie
1 Zwiebel
4 Schweineherzen
Kräuter und Gewürze nach Geschmack (Thymian, Lorbeer, Petersilie, Nelke, Wacholderbeeren, Piment, Knoblauch, Liebstöckel)
20 g Butter
4 cl roter Portwein
4 cl Madeira
3 EL brauner Grundfond (Grundrezept Seite 218)
Meersalz

Selleriepüree
1 Knollensellerie
1 kleine Zwiebel
100 g Butter
150 ml Geflügelfond 1 (Grundrezept Seite 218)
200 ml Sahne
Saft von 1 Zitrone
Salz, Muskat

Getrüffelte Äpfel
4 Äpfel (Boskop)
3 rote Zwiebeln
2 EL Honig
50 g Perigord-Trüffeln
30 g Butter
2 cl roter Portwein
2 cl Madeira
200 ml brauner Grundfond (Grundrezept Seite 218)
1 TL fein gehackter Majoran

Anrichten
etwas Trüffel nach Geschmack

Schweineherzen
Das Gemüse waschen, gegebenenfalls schälen und grob würfeln. Die Schweineherzen mit den Gemüsewürfeln, unzerkleinerten Kräutern und Gewürzen in etwa 2 Liter Salzwasser (die Herzen sollten gut bedeckt sein) weich garen. Die Schweineherzen aus dem Fond nehmen, trocken tupfen, in Scheiben schneiden und in etwas Butter anbraten. Mit Portwein und Madeira ablöschen und reduzieren lassen, den braunen Grundfond dazugeben und die Scheiben darin glacieren.

Selleriepüree
Den Knollensellerie schälen und in kleine Stücke schneiden. Die Zwiebel würfeln und in ca. 30 Gramm der Butter anschwitzen. Den Sellerie dazugeben, würzen und mit dem Geflügelfond ablöschen. Zugedeckt etwa 20 Minuten dünsten lassen. Die Sahne dazugeben und den Sellerie zu Ende garen. Im Mixer zu einer sämigen Masse verarbeiten und die restliche Butter einarbeiten. Mit etwas Zitronensaft verfeinern.

Getrüffelte Äpfel
Äpfel und Zwiebeln in Würfel schneiden und mit dem Honig leicht anschwitzen. Die Trüffeln würfeln, die Butter erhitzen, bis sie braun ist, und die Trüffeln darin anschwitzen. Mit Portwein und Madeira ablöschen, reduzieren und mit dem Fond auffüllen. Die Zwiebeln und Äpfel dazugeben und den Majoran unterrühren.

Anrichten
Die Schweineherzen mit den Äpfeln in Schälchen anrichten. Das Selleriepüree obenauf platzieren und mit etwas gehobeltem Trüffel servieren.

SCHWEINEBACKEN IN ROTWEINSAUCE
MIT WURZELGEMÜSE UND GÄNSELEBERSCHAUM

Zutaten für 4 Personen
Zubereitungszeit 2 ½ Stunden
Marinierzeit 3 Tage

Schweinebacken

2 l Rotwein
500 ml roter Portwein
200 g Röstgemüse (Zwiebeln, Karotten, Knollensellerie)
8 Wacholderbeeren
3 Nelken
2 Lorbeerblätter
4 Pimentkörner
1 Thymianzweig
2–3 Petersilienstängel
8 Schweinebacken (ohne Schwarte)
1 EL Mehl
1 EL Öl
1 EL Tomatenmark
1 l brauner Grundfond (Grundrezept Seite 218)
½ TL Weizenstärke
Salz, Pfeffer

Gemüse

1 Bd. kleine Karotten
1 Bd. Petersilienwurzeln
1 Bd. Navetten
50 g Butter
etwas Geflügelfond 1 (Grundrezept Seite 218)
8 kleine, fertig gegarte Pellkartoffeln
Salz, Zucker, Muskat

Gänseleberschaum

100 g Gänsestopfleber
2 cl roter Portwein
2 cl Madeira
1 cl Armagnac
150 ml Velouté (Grundrezept Seite 219)
Salz, Muskat, Zucker, Pfeffer

Schweinebacken

Rotwein, Portwein, Röstgemüse, Gewürze und Kräuter mischen, die Schweinebacken einlegen und abgedeckt 3 Tage gekühlt marinieren. Nun die Backen aus der Marinade nehmen, das Gemüse durch ein Sieb abgießen, die Marinade dabei auffangen und etwa 1 Liter beiseitestellen. Kräuter und Gewürze entfernen und das Gemüse so trocken wie möglich abtropfen lassen.

Die Schweinebacken mit Küchenpapier trocken tupfen, mit Salz und Pfeffer würzen und leicht mehlieren. In einem Bräter das Öl erhitzen, die Backen von allen Seiten gut anbraten und herausnehmen. Das abgetropfte Gemüse mit Farbe darin anschwitzen, das Tomatenmark dazugeben und unter ständigem Rühren mitrösten. Mit etwas Marinade ablöschen und den Bratensatz lösen, den Vorgang 2–3-mal wiederholen. Nun mit der Marinade auffüllen und etwa auf die Hälfte reduzieren lassen. Dann mit dem Grundfond auffüllen, aufkochen lassen und die Schweinebacken dazugeben. Den Backofen auf 140 °C vorheizen und die Schweinebacken ohne Deckel im Ofen 60–90 Minuten garen. Während des Garvorgangs die Backen gelegentlich wenden.

Die Schweinebacken aus dem Bräter nehmen, die Sauce passieren und einkochen, eventuell mit etwas Stärke abbinden.

Gemüse

Karotten, Petersilienwurzeln und Navetten schälen. In der Butter mit Salz, Zucker, Muskat andünsten. Den Geflügelfond angießen und das Gemüse während des Garens regelmäßig mit dem Fond überziehen. Die Kartoffeln kochen, pellen und mit dem Gemüse erwärmen.

Gänseleberschaum

Die Gänsestopfleber in kleine Würfel schneiden und mit Portwein, Madeira, Armagnac und Gewürzen etwa 1 Stunde marinieren. Die Velouté aufkochen, vom Herd nehmen und mit einem Stabmixer die marinierte Gänseleber einmixen.

Statt frischer Gänsestopfleber können Sie auch Gänseleberterrine oder die Mousse von Seite 93 in die Sauce mixen.

GEBRATENE SCHWEINEHÜFTE
MIT GEGRILLTEM GEMÜSE

Zutaten für 4 Personen
Zubereitungszeit 2 Stunden

Schweinehüfte

1 Schweinehüfte (ca. 800 g)
2 EL Öl
100 g Butter
Kräuter nach Geschmack (glatte Petersilie, Thymian, Rosmarin, Estragon, Basilikum, Knoblauch, Orangen- und Zitronenabrieb)
Meersalz, Pfeffer

Gegrilltes Gemüse

2 Zucchini
2 Auberginen
2 rote Paprika
2 gelbe Paprika
2 Zwiebeln
1 junger Knoblauch
2 Fenchelknollen
2 EL Olivenöl
60 g gemischte Oliven
80 g getrocknete Tomaten (Grundrezept Seite 222)
60 g geröstete Pinienkerne
Salz, Pfeffer, Cayennepfeffer

Schweinehüfte

Den Backofen auf 200 °C vorheizen. Die Hüfte gut mit Meersalz und Pfeffer einreiben. In heißem Öl von allen Seiten gut anbraten und für 45 Minuten in den Backofen geben. Herausnehmen und kurz ruhen lassen. Vor dem Anrichten die Butter in einer Pfanne aufschäumen, die fein gehackten Kräuter dazugeben und die Hüfte darin gut wälzen.

Gegrilltes Gemüse

Das Gemüse waschen, gegebenenfalls schälen und in dünne Scheiben schneiden. In einer Grillpfanne das Olivenöl erhitzen und die Gemüsescheiben nacheinander von beiden Seiten grillen. Jeweils mit Salz, Pfeffer und Cayennepfeffer würzen. Das fertig gegrillte Gemüse in einer Pfanne mit den Oliven, Tomaten und Pinienkernen mischen.

Anrichten

Das Gemüse auf Teller geben, die aufgeschnittene Schweinehüfte darauf anrichten und sofort servieren.

Dazu schmecken Gnocchi, Kartoffeln, Ravioli oder gebackene Risottoknödel.

SCHWEINERÜCKEN
IN DER GEKRÄUTERTEN MEERSALZKRUSTE, DAZU EINE PIZZA „LE COCHON“

Zutaten für 4 Personen
Zubereitungszeit 2 Stunden

Schweinerücken

800 g Schweinerücken ohne Knochen und Schwarte (z. B. vom Iberischen Schwein)
2 EL Öl
1 Knoblauchknolle
½ Bd. Thymian
½ Bd. Rosmarin
½ Bd. Estragon
2 Lavendelzweige
5 Lorbeerblätter
5 Nelken
10 Wacholderbeeren
20 schwarze Pfefferkörner
8 Pimentkörner
3 kg graues grobes Meersalz
Pfeffer

Pizzateig

200 g Kartoffeln
20 g Hefe
1 Prise Zucker
120 ml Milch
180 g Mehl
1 gute Prise Salz
200 ml geschälte Tomaten
1 Knoblauchzehe
1 Zwiebel
8 Scheiben geräucherter Bauchspeck
2 EL Olivenöl
16 halbe getrocknete Tomaten (Grundrezept Seite 222)
8 Scheiben Saucisson Lyonaise (französische Brühwurst vom Schwein), alternativ Bier- oder Jagdwurst
120 g Büffelmozzarella
½ Bd. Basilikum
Salz, Pfeffer, Zucker

Schweinerücken

Den Schweinerücken etwas pfeffern und im heißen Öl auf allen Seiten goldbraun anbraten. Den Knoblauch hacken, die Kräuter etwas klein schneiden, die Gewürze im Mörser zerdrücken und mit dem Meersalz sowie etwas Wasser mischen.
Den Backofen auf 250 °C vorheizen. In einen Bräter eine ca. 3 Zentimeter dicke Salzschicht einstreuen und das Fleisch darauflegen. Mit dem restlichen Salz das Fleisch etwa 3 Zentimeter dick bedecken, leicht andrücken und im Backofen ca. 45 Minuten garen. Das Fleisch aus der Salzkruste heben, mit einem Pinsel vom restlichen Salz befreien.

Pizza

Die Kartoffeln mit der Schale kochen, so heiß wie möglich pellen und die Kartoffeln durch ein Sieb in eine Schüssel drücken. Etwas auskühlen lassen, in die Mitte eine Mulde drücken und die Hefe hineinbröckeln. Mit einer Prise Zucker bestreuen und die lauwarme Milch daraufgießen. Mit einem Tuch abdecken und ca. 10 Minuten stehen lassen. Ist die Hefe leicht aufgegangen, Mehl und Salz dazugeben und alles zu einem geschmeidigen Teig kneten. Sollte der Teig zu weich sein, etwas mehr Mehl einarbeiten.
Danach für ca. 30 Minuten an einem warmen Ort gehen lassen, anschließend auf einem mit Backpapier ausgelegten Backblech ausrollen.
Den Backofen auf 200 °C vorheizen. Die geschälten Tomaten pürieren und etwas reduzieren, den Knoblauch reiben und dazugeben, mit Salz, Pfeffer und Zucker würzen. Den Pizzateig damit bestreichen.
Die Zwiebel und den geräucherten Speck in grobe Stücke schneiden, in etwas Olivenöl anschwitzen und auf der Pizza verteilen. Die getrockneten Tomaten und die Saucisson ebenfalls darauf verteilen. Den Mozzarella darüberbröckeln, mit etwas Olivenöl beträufeln und im Backofen ca. 25 Minuten backen. Die abgezupften Basilikumblätter auf der fertigen Pizza verteilen.

Anrichten

Den Schweinerücken in Tranchen schneiden und mit der Pizza servieren.

Auch Blutwurst, Speck, Zwiebeln und Äpfel passen als Belag zu dieser Pizza. Statt der Tomatensauce verwendet man Sauerrahm mit frischem Majoran. Graues Meersalz ist nicht weiß gewaschen, deswegen enthält es mehr Aromen und Mineralien als seine weißen Kollegen.

WIRSINGROULADE AUF WÜRZIGER TOMATENSAUCE

EIN REZEPT VON MEINEN FREUNDEN SUSAN UND MATTHIAS

Ein Kohlrouladenrezept das seine Heimat nicht verleugnen kann: Statt mit einer fetten, schweren Specktunke kommt dieser Küchenklassiker im The Village in einer leichten, fruchtigen Tomatensauce auf den Tisch – wie in Susan Reeds amerikanischer Heimat Vermont.

Zutaten für 4 Personen
Zubereitungszeit 2 Stunden

Tomatensauce

1 Karotte
1 Selleriestange
1 kleine Zwiebel
1 Knoblauchzehe
1 EL Olivenöl
1 Dose geschälte Tomaten
Kräuter nach Geschmack (Oregano, Thymian, Lorbeer)
Salz, Pfeffer

Wirsingroulade

1 Wirsingkopf
1 EL Öl
1 kleine Zwiebel
1 altbackenes Brötchen
400 g Schweinehackfleisch
2 Eier
etwas Gemüsefond (Grundrezept Seite 218)
Salz, Pfeffer

Tomatensauce

Karotte, Sellerie, Zwiebel und Knoblauch fein hacken und in Olivenöl anschwitzen. Die Kräuter fein hacken und dazugeben. Die Tomaten pürieren, zum Gemüse geben und 30 Minuten sanft köcheln lassen.

Wirsingroulade

Die großen Blätter vom Kohlkopf trennen, waschen und blanchieren. Das Brötchen einweichen. Das Innere des Kohlkopfes fein hacken und in etwas Öl kurz anbraten. Die Zwiebel fein hacken und mit dem Hackfleisch, den Eiern, dem ausgedrückten Brötchen, dem gehackten Wirsing, Salz und Pfeffer gut vermischen.
Den Backofen auf 180 °C vorheizen. Die blanchierten Wirsingblätter mit der Hackmasse füllen. Die Tomatensauce in einen Bräter füllen, die Kohlrouladen einsetzen, abdecken und im Ofen etwa 45 Minuten schmoren. Gegebenenfalls etwas Fond angießen.

Berlin-Charlottenburg hat eine unglaubliche Restaurantdichte, aber Wolfgang Müller hat einen Lieblingsplatz. Wenn ihm der Sinn nach Carrot Cake, New York Cheese Cake, Pies, Cole Slaw (Krautsalat) oder einer leicht-fruchtigen Kohlroulade steht, gibt es nur einen Platz der Wahl: das The Village. Das kuschelige Restaurantcafé mit seinen 20 Plätzen ist das Reich des schon 1978 als Bundeswehrflüchtling und Student nach Berlin gekommenen Frankfurters Matthias Neumann und seiner Frau Susan Reed. Ihre amerikanische Heimat Vermont lässt sich bis heute in den Kuchen und Gebäckstücken des Ladens herausschmecken. Die beiden kochen und backen bis auf Brot alles selbst – ganz nach Müllers Geschmack: „Denn so weiß ich, was drin ist."

GLACIERTE SCHWEINEFÜSSE

AUF RETTICHGEMÜSE UND GEBACKENEN KARTOFFELN

Zutaten für 4 Personen
Zubereitungszeit 2 Stunden
Gar- und Vorbereitungszeit 4 Stunden

Schweinefüße

200 g Röstgemüse (Zwiebeln, Karotten, Knollensellerie)
1 EL Olivenöl
250 ml roter Portwein
180 ml Madeira
2 l brauner Grundfond (Grundrezept Seite 221)
8 Schweinefüße (sauber abgeflammt und abgeschabt)
1 Knoblauchzehe
1 Thymianzweig
2 Lorbeerblätter
Salz, Pfeffer

Füllung

100 g Kalbsbries
1 EL Butter
4 EL Farce (Grundrezept Seite 221)
30 g Pistazien
30 g Kochschinkenwürfel
150 g Schweinenetz
Salz, Pfeffer

Fertigstellung

1 EL Öl
16 kleine Zwiebeln
70 ml Madeira
50 ml roter Portwein

Gemüse

1 roter Rettich oder 1 Bd. Radieschen
50 g Butter
100 ml Geflügelfond 1 (Grundrezept Seite 218)
1 EL gehackte glatte Petersilie
Salz, Pfeffer

Schweinefüße

Das Röstgemüse im Olivenöl leicht Farbe annehmen lassen, mit Portwein und Madeira ablöschen und fast komplett reduzieren lassen. Mit dem Grundfond auffüllen, Schweinefüße, grob gehackten Knoblauch, Thymianzweig und Lorbeerblätter dazugeben und leicht würzen. Den Backofen auf 180 °C vorheizen, die Schweinefüße in den Ofen geben und ca. 3 Stunden schmoren, bis die Füße weich sind.
Die gegarten Füße ausstechen und vorsichtig entbeinen, sodass vier große Lappen bleiben. Die restlichen Fleischstücke klein schneiden und den Schmorfond durch ein Tuch laufen lassen.

Füllung

Kalbsbries in kleine Würfel schneiden und in etwas Butter goldbraun anbraten. Mit Salz und Pfeffer würzen und etwas abkühlen lassen. Das abgekühlte Bries mit der Farce, dem klein geschnittenen Schweinefüßefleisch, gehackten Pistazien und Kochschinkenwürfeln mischen. In einer Schöpfkelle einen ausgebeinten Schweinefußlappen legen, die Füllung hineingeben, gut eindrücken und den Schweinefußlappen oben verschließen. Der so entstandene kompakte Knödel wird dann fest in Schweinenetz gehüllt. Mit den restlichen Schweinefußlappen ebenso verfahren.

Fertigstellung

Den Backofen auf 180 °C vorheizen. Die Schweinefußknödel werden nun in einem Schmortopf leicht in wenig Öl angebraten. Die kleinen Zwiebeln dazugeben und andünsten, mit Madeira und Portwein ablöschen. Die Flüssigkeit reduzieren, mit dem Schmorfond auffüllen und für ca. 15 Minuten in den Backofen geben. Während des Garvorgangs die Knödel immer wieder mit dem Fond begießen, sodass sie schön abglacieren.

Gemüse

Den Rettich bzw. die Radieschen waschen und in Scheiben oder Würfel schneiden, mit etwas Butter, Geflügelfond, Salz und Pfeffer weich dünsten. Vor dem Anrichten die gehackte Petersilie untermischen.

Gebackene Kartoffeln

4 große Kartoffeln
etwas geklärte Butter
Salz, Pfeffer, Muskat

Anrichten

Radieschenblätter

Gebackene Kartoffeln

Den Backofen auf 200 °C vorheizen. Kartoffeln schälen, in Scheiben schneiden und kreisförmig ausstechen. Mit Salz, Pfeffer und Muskat würzen und die Gewürze vorsichtig einmassieren. Nach 5 Minuten Ruhezeit auf einem Tuch trocken tupfen und mit geklärter Butter einreiben. Die Kartoffelkreise nun auf ein mit Backpapier ausgelegtes Blech legen und im Ofen in 10–15 Minuten goldbraun backen.

Anrichten

Die Kartoffelkreise auf den Tellern platzieren, je zwei Schweinefüße anrichten und mit dem Gemüse und einigen zarten Radieschenblättern garniert servieren.

GEBACKENER BOUDIN NOIR

MIT PÜREE UND KRAUT

Ein Rezept, das ich in Paris zum ersten Mal gegessen habe – es wurde gleich ein absolutes Lieblingsgericht. Wie so oft sind die einfachsten Gerichte auch die besten.

Zutaten für 10–12 Personen
Zubereitungszeit 2 Stunden

Boudin noir

2 kg Kartoffelpüree mit Eigelb
400 g Sauerkraut
1 kg Boudin noir
2 Zwiebeln
1 EL Butter
½ Bd. Majoran

Sauce

30 Perlzwiebeln
1 EL Butter
2 EL Honig
100 g Perigord-Trüffeln
2 Äpfel
4 cl roter Portwein
2 cl Madeira
300 ml brauner Grundfond (Grundrezept Seite 218)
etwas Majoran

Boudin noir

Den Backofen auf 180 °C vorheizen. In eine gebutterte Pfanne oder Auflaufform die Hälfte des Kartoffelpürees geben. Das Sauerkraut gut ausdrücken und auf dem Püree verteilen. Den Boudin noir klein schneiden und auf das Sauerkraut geben. Die Zwiebeln fein würfeln, in Butter braun dünsten und über der Blutwurst verteilen. Mit dem restlichen Kartoffelpüree verschließen. Im Backofen ca. 1 Stunde goldbraun backen.

Sauce

Die Perlzwiebeln in etwas Butter leicht Farbe annehmen lassen. Den Honig dazugeben und unterrühren. Die Trüffeln würfeln, zu den Zwiebeln geben und leicht anbraten. Die Äpfel würfeln, zu den Zwiebeln geben, mit Portwein und Madeira ablöschen und reduzieren lassen. Währenddessen den Grundfond ebenfalls etwas reduzieren lassen, zu den Zwiebeln geben und ca. 12 Minuten köcheln lassen. Mit Majoran verfeinern und separat zum Boudin noir servieren.

SCHWEINEKUTTELN IN CHAMPAGNERSAUCE
MIT GERÄUCHERTEM SEETEUFEL

Zutaten für 4 Personen
Zubereitungszeit 2–3 Stunden
Kühlzeit etwa 12 Stunden

Kutteln
2 Schweinemägen (gesäubert und gewaschen)
300 g Wurzelgemüse
Kräuter und Gewürze nach Geschmack (Lorbeer, Liebstöckel, Wacholder, Pfeffer)
1 Knoblauchzehe
Meersalz

Champagnersauce
3 Schalotten
50 g Butter
6 cl Noilly Prat
100 ml Weißwein
500 ml Geflügelfond 1 (Grundrezept Seite 218)
200 ml Sahne
Saft von 1 Zitrone
50 ml Champagner
Salz, Pfeffer, Cayennepfeffer

Seeteufel
1 Seeteufelfilet ohne Haut (ca. 400 g)
1 EL Olivenöl
100 g Räuchermehl
Salz, Pfeffer, Koriander

Schweinemägen
Die Schweinemägen halbieren und mit dem gewürfelten Wurzelgemüse, den Gewürzen und dem grob gehackten Knoblauch in Salzwasser ca. 2 Stunden weich kochen. Im Fond über Nacht auskühlen lassen. Am nächsten Tag die Schweinemägen aus dem Fond nehmen, gut abwaschen, trocken tupfen und in feine Streifen schneiden.

Champagnersauce
Die Schalotten fein würfeln, in der Butter ohne Farbe anschwitzen. Mit Noilly Prat und Weißwein ablöschen und ganz reduzieren. Den Geflügelfond aufgießen und wieder komplett reduzieren. Die Sahne angießen, einmal aufkochen, pürieren und passieren. Mit Salz, Pfeffer, Cayennepfeffer und Zitronensaft abschmecken. Die Kutteln in die Sauce geben und erst kurz vor dem Servieren mit dem Champagner verfeinern.

Seeteufel
Den Backofen auf 180 °C vorheizen. Den Seeteufel würzen, in Olivenöl von beiden Seiten anbraten und für ca. 8 Minuten in den Ofen geben. Danach ca. 10 Minuten räuchern, die Anleitung dazu finden Sie in den Grundrezepten auf Seite 223.

Anrichten
Die Kutteln mit der Champagnersauce auf tiefe Teller geben, den geräucherten Seeteufel dünn aufschneiden und auf den Kutteln anrichten.

GEKOCHTE SPANFERKELHAXEN
MIT ROTER BETE UND FRISCHEM MEERRETTICH

Zutaten für 4 Personen
Zubereitungszeit 2 Stunden

Haxen
1 Karotte
1 Knollensellerie
1 Zwiebel
8 hintere gepökelte Spanferkelhaxen
1 Lorbeerblatt
1 Thymianzweig
Salz

Rote Bete
20 kleine Rote Bete
Kräuter und Gewürze nach Geschmack (Thymian, Rosmarin, Pfeffer, Wacholder)
1 Knoblauchzehe
2 kg graues Meersalz

Meerrettichsauce
60 g Butter
50 g Mehl
250 ml Kochfond von den Haxen
2 EL frisch geriebener Meerrettich
60 g Mie de pain (siehe Tipp Seite 148)
½ Bd. Schnittlauch

Anrichten
frisch geriebener Meerrettich
20 kleine gekochte Kartoffeln

Haxen
Karotte, Sellerie und Zwiebel würfeln. Die Haxen mit den Gemüsewürfeln, dem Lorbeerblatt und dem Thymianzweig in Salzwasser garen. Die Schwarte und das Fett nach dem Garen entfernen, den Fond durch ein Tuch laufen lassen.

Rote Bete
Den Backofen auf 230 °C vorheizen. Die Rote Bete waschen und mit Küchenpapier trocken tupfen. Die Kräuter und den Knoblauch grob hacken, die Gewürze zerstoßen und mit dem Meersalz und ein wenig Wasser gut mischen. Die Hälfte des Kräutersalzes auf einem Blech verteilen, die Rote Bete daraufgeben und mit dem restlichen Salz bedecken, leicht andrücken, sodass der Salzmantel gut verschlossen ist. Für ca. 40 Minuten im Backofen garen. Danach die Rote Bete aus dem Salz heben.

Meerrettichsauce
Butter schmelzen und das Mehl einrühren. Den abgekühlten Fond aufgießen, gut verrühren. Den Meerrettich unterrühren, aufkochen und 10 Minuten unter Rühren sanft köcheln lassen. Mit dem Mie de pain etwas abbinden, den Schnittlauch fein hacken und in die Sauce rühren.

Anrichten
Je zwei Spanferkelhaxen auf die Teller geben, mit frisch geriebenem Meerrettich bestreuen, mit den Kartoffeln, der Roten Bete und der leicht geschäumten Meerrettichsauce servieren.

GEFÜLLTER SPANFERKELNACKEN

MIT BRETONISCHEM HUMMER UND GEFÜLLTEM GEMÜSE

Zutaten für 4 Personen
Zubereitungszeit 2 Stunden

Gefüllter Spanferkelnacken

1 bretonischer Hummer (ca. 500 g)
1 Thymianzweig
1 Knoblauchzehe
10 Pfefferkörner
½ Bd. Kerbel
4 EL Farce (Grundrezept Seite 221)
1 Nacken vom Spanferkel oder Jungschwein ohne Knochen und Schwarte
200 g Schweinenetz
1 EL Öl
200 g Röstgemüse (Zwiebeln, Karotten, Knollensellerie)
150 g Butter
200 ml brauner Grundfond (Grundrezept Seite 218)
2 EL Olivenöl
Salz, Pfeffer

Gefüllte Gemüse

4 EL Butter
300 ml Geflügelfond
Salz, Pfeffer, Zucker, Muskat

Kartoffeln

4 Kartoffeln
1 Eigelb
2 EL Crème fraîche
1 EL fein gehackter Schnittlauch
Salz, Pfeffer, Muskat

Zucchini

120 ml Gemüsefond (Grundrezept Seite 218)
30 g Brunoise (Karotten, Lauch, Sellerie)
1 Zucchino
60 g Couscous
Olivenöl
Salz, Raz al-Hanuut

Gefüllter Spanferkelnacken

Den Hummer im Salzwasser mit Thymian, grob gehacktem Knoblauch und Pfeffer, 5 Minuten ziehen lassen (siehe dazu auch Grundrezept Seite 221). In Eiswasser abschrecken, ausbrechen und das Fleisch in grobe Stücke schneiden. Den Kerbel hacken, mit dem Hummerfleisch und der Farce gut vermischen.
Den Backofen auf 170 °C vorheizen. Den Schweinenacken längs wie eine Rolle so aufschneiden, dass eine große Platte entsteht. Mit Salz und Pfeffer einreiben, die Hummerfarce daraufstreichen und fest zusammenrollen. Doppelt in ein Schweinenetz wickeln und mit Küchengarn fest binden. Leicht von außen würzen und in einem Bräter in Öl von allen Seiten braun anbraten. Das Röstgemüse dazugeben, mit der Butter glasieren und mit dem braunen Grundfond ablöschen. Die Hummerkarkassen scharf anbraten und zum Nacken geben.
Im Backofen ca. 70 Minuten garen. Den Nacken aus dem Bräter nehmen und vor dem Anschneiden 5 Minuten ruhen lassen. Die Sauce passieren und mit etwas Olivenöl abbinden.

Gefüllte Gemüse

Die fertig gefüllten Gemüse werden im Ofen gebacken. Dazu den Backofen auf 180 °C vorheizen. Das Gemüse in eine feuerfeste Form geben, mit Salz, Pfeffer, Zucker und Muskat würzen, Butterflöckchen aufsetzen und Geflügelfond angießen und etwa 12–15 Minuten gratinieren

Kartoffeln

Die Kartoffeln schälen, längs halbieren, aushöhlen und das ausgehöhlte Kartoffelfleisch in Salzwasser weich garen. Durch eine Kartoffelpresse drücken und mit dem Eigelb und der Crème fraîche verrühren. Mit Schnittlauch und den Gewürzen abschmecken. Die ausgehöhlten Kartoffeln ebenfalls in Salzwasser garen, anschließend mit der Kartoffelmasse füllen.

Zuchini

Den Gemüsefond aufkochen, die Brunoise kurz dazugeben und schließlich über den Couscous gießen. Zugedeckt quellen lassen, bis der Couscous die Flüssigkeit aufgenommen hat. Mit Salz und Raz al-Hanuut würzen.
Den Zucchino längs vierteln, etwas aushöhlen und mit dem Couscous füllen. (Wer mag, kann das ausgehöhlte Zucchinifleisch klein schneiden und unter den Couscous rühren.)

Zwiebeln

4 Zwiebeln oder Schalotten, eiergroß
1 EL Olivenöl
60 g Schweinehackfleisch
½ Knoblauchzehe
1 Ei
1 EL gehackte glatte Petersilie
Salz, Pfeffer, Cayennepfeffer

Powerade

4 Poweraden (italienische Artischockenart)
Saft von 1 Zitrone
1 EL Olivenöl
4 Rispentomaten
1 Schalotte
1 Msp. fein gehackter Thymian
1 Msp. fein gehackter Rosmarin
8 Basilikumblätter
2 EL Pinienkerne
2 EL geriebener Parmesan
Salz, Pfeffer, Zucker

Wirsingwickel

4 große hellgrüne Blätter
8 gelbe Blätter
2 Schalotten
60 g Kochschinken (oder magerer Speck)
1 EL Butter
2 EL Crème fraîche
Salz, Pfeffer, Muskat

Zwiebeln

Die ungeschälten Zwiebeln aushöhlen, das ausgehöhlte Zwiebelfleischfein hacken und in Olivenöl sanft anschwitzen. Etwas auskühlen lassen und mit dem Schweinehack vermischen. Den Knoblauch reiben und mit der Petersilie unter die Hackmischunjg rühren. Mit den Gewürzen abschmecken und die Zucchinostücke mit der Masse füllen.

Poweraden

Stiel und Blätter der Poweraden entfernen, mit einem kleinen Löffel innen das Heu entfernen und sofort mit dem Zitronensaft beträufeln. In Olivenöl etwa 5 Minuten anbraten. Die Tomaten häuten, vierteln und das Kerngehäuse entfernen. Die Tomatenfilets klein schneiden, die Schalotte fein würfeln und beides in einen kleinen Topf geben, die Kräuter dazugeben, mit Salz, Pfeffer und Zucker abschmecken und zu einer dicken Masse einkochen lassen. Die Basilikumblätter in feine Streifen schneiden und mit den Pinienkernen unter die Masse mischen. Mit dieser Masse die Artischocken füllen und mit Parmesan bestreuen.

Wirsingwickel

Die Grünen Blätter bissfest blanchieren und in Eiswasser rasch abkühlen. Mit etwas Küchenpapier trocken tupfen. Nun die gelben Blätter weich kochen, ebenfalls abschrecken, sehr gut ausdrücken und fein hacken.
Schalotten und Schinken fein hacken und in etwas Butter andünsten. Mit dem gehackten Wirsing vermischen und mit Salz, Pfeffer sowie Muskat würzen. Die Crème fraîche unterrühren und die Masse auf die großen Blätter geben und kleine Wickel herstellen.

CREPINETTEN VOM SPANFERKEL

AUF SAFRANRISOTTO UND VANILLETOMATEN

Zutaten für 4 Personen
Zubereitungszeit 1 Stunde
Trockenzeit 3 Stunden

Vanilletomaten

4 Tomaten
1 Vanilleschote
1 TL Puderzucker
Abrieb von je 1 Orange und Zitrone
Meersalz

Crépinetten

150 g schieres Spanferkelfleisch
1 Schalotte
1 EL Öl
je 1/2 TL fein gehackter Thymian und Rosmarin
50 g braune Butter
40 ml Sahne
12 Spanferkelkoteletts
400 g Schweinenetz
1 EL Olivenöl
Salz, Pfeffer

Risotto

2 Schalotten
30 ml Olivenöl
20 g Butter
200 g Risottoreis (Avorio oder Violone)
200 ml Weißwein
1 l Geflügelfond 1 (Grundrezept Seite 218)
1 g Safranfäden
60 g geriebener Parmesan
50 g kalte Butterwürfel
Salz, Pfeffer

Anrichten

1 Bd. Basilikum
2–4 EL Olivenöl

Vanilletomaten

Den Backofen auf 90 °C vorheizen. Die Tomaten kreuzweise einritzen, in kochendem Wasser kurz pochieren, anschließend sofort in Eiswasser abschrecken, häuten, vierteln und das Kerngehäuse entfernen. Tomatenviertel mit dem ausgekratzten Vanillemark, Puderzucker, Orangen- und Zitronenabrieb und Meersalz vermischen. Auf einem mit Backpapier ausgelegten Backblech verteilen und im Ofen etwa 3 Stunden trocknen, gelegentlich wenden.

Crépinetten

Das schiere Spanferkelfleisch klein schneiden und in eine Mulinette geben. Würzen und zu einer geschmeidigen Masse verarbeiten. Die Schalotte grob würfeln und in etwas Öl weich dünsten. Die Kräuter mit der Schalotte und der braunen Butter zum Spanferkelfleisch geben und unter ständigem Mixen langsam die Sahne einfließen lassen. Die fertige Farce kalt stellen.
Die Koteletts mit Salz und Pfeffer würzen und auf beiden Seiten etwa 1 Zentimeter hoch mit der Farce bestreichen. Mit dem Schweinenetz umwickeln und in Olivenöl von beiden Seiten ca. 7 Minuten braten.

Risotto

Die Schalotten fein würfeln und in Olivenöl und Butter glasig anschwitzen. Den Reis dazugeben und ebenfalls glasig andünsten. Mit Weißwein ablöschen, aufkochen und den Reis die Flüssigkeit aufnehmen lassen. Etwas heißen Geflügelfond dazugeben und erneut die Flüssigkeit vom Reis absorbieren lassen. Safran dazugeben, wieder etwas Fond angießen und absorbieren lassen. So weiter verfahren, bis der Reis gar, aber im Kern noch bissfest ist. Mit Parmesan und kalter Butter abbinden.

Anrichten

Die Basilikumblätter in Olivenöl kross backen. Den Risotto auf die Teller geben, die Crepinette darauf anrichten und mit den Vanilletomaten und Basilikumblättern garnieren.

GESCHMORTE WILDSCHWEINSCHULTER
AUS DEM RÖMERTOPF

Zutaten für 4 Personen
Zubereitungszeit 3 Stunden
Marinierzeit 5 Tage

Wildschweinschulter

ca. 1 1/2 kg Wildscheinschulter ohne Knochen
1 l Rotwein
250 ml roter Portwein
300 g Röstgemüse (Zwiebeln, Karotten, Knollensellerie)
Gewürze nach Geschmack (Wacholder, Nelken, Thymian, Piment, Lorbeer, schwarzer Pfeffer)
2 EL Mehl
1 EL Tomatenmark
2 EL Preiselbeeren
Salz, Pfeffer, Zucker

Gemüse

12 kleine Zwiebeln
1 Bd. Karotten
1 Bd. Petersilienwurzeln
12 Maronen
12 Steinpilze (oder andere Pilze)
1 Bd. Lauchzwiebeln

Wildschweinschulter

Die Schulter für 5 Tage in Rotwein, Portwein, Röstgemüse und den Gewürzen marinieren. Anschließend die Schulter aus der Marinade nehmen, gut trocken tupfen und den Sud passieren.
Den Backofen auf 180 °C vorheizen. Das Fleisch würzen, leicht mit Mehl bestäuben, in einem Schmortopf von allen Seiten gut anbraten und herausnehmen. Das Röstgemüse aus der Marinade gut abtropfen lassen, etwas trocken tupfen und ebenfalls anbraten. Das Tomatenmark dazugeben, kurz mitrösten, mit der passierten Marinade ablöschen und auf die Hälfte reduzieren.
Die Schulter in den Römertopf legen, die Sauce und die Preiselbeeren darübergeben. Mit dem Deckel verschließen und für ca. 2 Stunden im Backofen garen.

Gemüse

Das Gemüse waschen bzw. schälen und grob zerkleinern, etwa 40 Minuten vor Garende in den Römertopf geben und gemeinsam mit der Schulter zu Ende garen.

Als Beilage passen Spätzle, Knödel, Schupfnudeln oder kleine Kartoffeln.

INDONESISCHES GEWÜRZFERKEL

GEFÜLLT UND IM GANZEN GEGART

Die kleinen, mit dem Balinesischen Spanferkel verwandten Schweinchen sind in Deutschland schwer zu bekommen. Das Gericht funktioniert aber auch super mit einem Stück aus der Keule, oder, sollten Sie einen ausreichend großen Backofen haben, natürlich auch mit einem größeren Spanferkel. Im Sommer lässt sich das Ferkel auch herrlich über dem offenen Feuer zubereiten. Es braucht dabei zwar sehr viel Gefühl, den richtigen Garzeitpunkt abzupassen, ist aber der Traum jeder Party.

Zutaten für 6–10 Personen
Zubereitungszeit 4 Stunden

Gefülltes Spanferkel

1 Spanferkel (ca. 5–7 kg)
1 Ingwerwurzel
1 Galganwurzel
5–8 Knoblauchzehen
5 Zitronengrasstängel
10 Schalotten
3 EL geröstete Korianderkörner
2 TL Kreuzkümmel
20 Macadamianüsse
Malabarpfeffer
Langer Pfeffer
Kubebenpfeffer
10 Sternanis
1 EL Terasi (Garnelenpaste)
5 rote Chilischoten
10 Kaffirlimettenblätter
5 Salamblätter
Abrieb von 2 Orangen
2 EL gemahlener Kurkuma
2 Zimtstangen
Salz

Zum Einpinseln

200 ml Limettensaft
1 EL Sojasauce
2 EL süße Sojasauce
1 EL Honig
1 TL Salz
1 EL gemahlener Kurkuma

Gefülltes Spanferkel

Ohren, Schwänzchen, Nase und eventuell Füße des Spanferkels zum Schutz vor zu starker Hitze mit Alufolie umwickeln. Ingwer, Galgan und Knoblauch schälen und grob hacken. Das Zitronengras in etwa 2 Zentimeter lange Stücke schneiden. Schalotten schälen. Mit einem Mörser Schalotten, Koriander, Kreuzkümmel, Macadamianüsse, Pfeffer, Sternanis, Terasi und Chili zu einer Paste reiben. Die Paste mit Ingwer, Galgan, Knoblauch, Zitronengras, Limetten-, Salamblättern, Orangenabrieb, Kurkuma und grob zerstoßenen Zimtstangen mischen. Das Spanferkel von innen salzen, mit der Gewürzmischung füllen und mit Küchengarn verschließen.

Zum Einpinseln

Limettensaft mit 100 Milliliter Wasser, den Sojasaucen, Honig, Salz und Kurkuma mischen. Das Spanferkel von außen mit der Flüssigkeit einreiben. Während des Garvorgangs regelmäßig mit der Flüssigkeit einpinseln.
Jetzt beginnt der schwierigere Teil: das Garen. Spielen Sie ein wenig mit der Backofenhitze oder dem Feuer, es sollte nie zu heiß werden, da das Ferkel sonst verbrennt, doch bei zu geringer Wärmezufuhr wird es nicht gar.
Probieren Sie es so:
Bei 220 °C etwa 30 Minuten, dann auf 160 °C reduzieren und weitere 2 Stunden garen. Sollte die Temperatur zwischendurch zu heiß werden, bitte weiter reduzieren.

Servieren Sie das tranchierte Spanferkel auf Bananenblättern mit Reis und reichen Sie dazu verschiedene asiatische Wok-Gemüse. Salam ist ein indonesischer Lorbeer. Sollten Sie diese Blätter nicht bekommen, können Sie auch normale Lorbeerblätter verwenden.

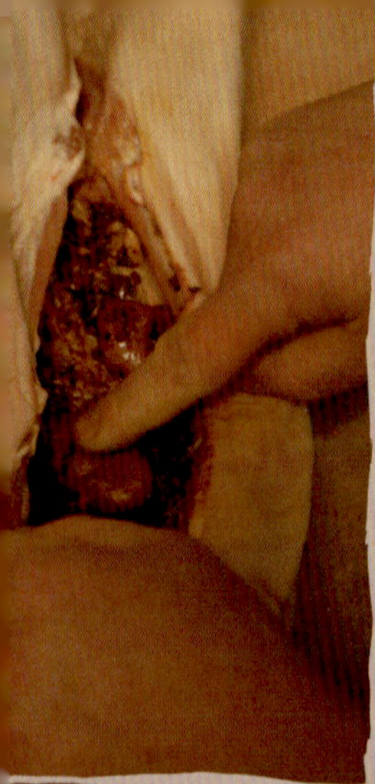

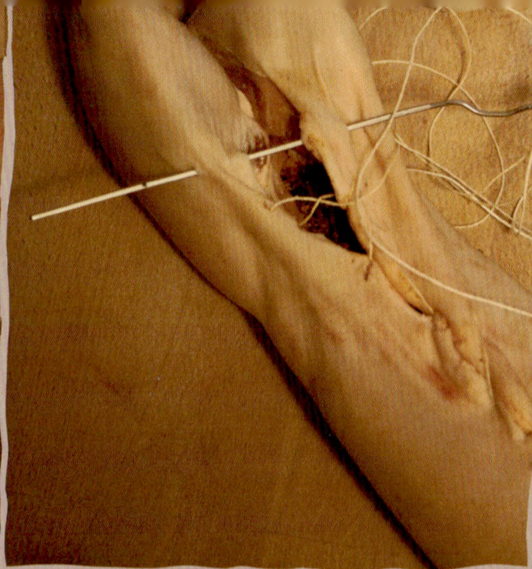

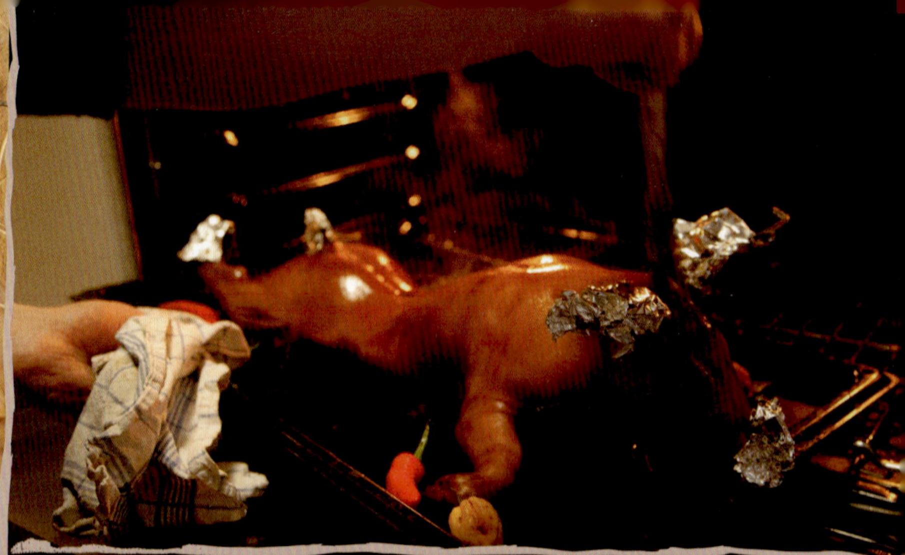

KLASSIKER

ELSÄSSISCHE SCHLACHTERPLATTE
AUF CHAMPAGNERKRAUT

Was, wie und in welchen Mengen für eine Schlachterplatte kombiniert wird, variiert von Ort zu Ort, ja sogar von Familie zu Familie. Ob Schinken und Würste, Kesselfleisch und geräuchertes Fleisch, Bauch oder Knödel, sie alle fühlen sich auf der Schlachterplatte wohl. Eine Elsässer Schlachterplatte wird also nach Lust und Laune oder nach alter Familientradition zusammengestellt und birgt immer ein herrliches Essen, das in der Gemeinschaft ein genussvolles Erlebnis ist.

Zutaten für 8 Personen
Zubereitungszeit 3 Stunden

Gewürzbeutel

8 Wacholderbeeren
5 Nelken
3 Lorbeerblätter
2 Thymianzweige
10 Pfefferkörner
5 Pimentkörner
1 TL Kümmelsamen

Schlachterplatte

2 Zwiebeln
100 g Schweineschmalz
2 kg Sauerkraut
2 l Weißwein (Riesling)
2 süße Äpfel
1 gepökeltes Eisbein
2 gepökelte Schweineschwänze
300 g gepökelter Bauch
Geflügelfond nach Bedarf
2–3 große Kartoffeln
2 Blutwürste (Rezept Seite 69)
2 Leberwürste (Rezept Seite 69)
2 grobe geräucherte Würste (Rezept Seite 72)
2 Leberknödel (Rezept Seite113)
2 Bratwürste
250 ml Champagner
Salz, Zucker

Gewürzbeutel

Aus den Gewürzen ein Gewürzsäckchen mischen, zum Beispiel in einem Teebeutel oder einem ausrangierten Tee-Ei. Das Säckchen verschließen und beiseitestellen.

Schlachterplatte

Die Zwiebeln halbieren und in feine Streifen schneiden. Das Schweineschmalz in einem großen Topf erhitzen und die Zwiebeln darin glasig andünsten. Das Sauerkraut waschen und gut ausdrücken, es kann sonst sehr sauer sein, anschließend zu den Zwiebeln geben. Weißwein angießen und mit Salz und Zucker würzen. Die Äpfel reiben und zum Sauerkraut geben.
Eisbein, Schweineschwänze und Bauch auf das Kraut geben und abgedeckt auf kleiner Flamme ca. 1 Stunde köcheln lassen. Flüssigkeit bei Bedarf mit etwas Geflügelfond auffüllen, das Gewürzsäckchen dazugeben und das Fleisch in etwa 45 Minuten fertig garen.
Das gegarte Fleisch aus dem Topf nehmen und beiseitestellen. Wenn nötig die Flüssigkeit im Kraut etwas reduzieren. Die geschälten Kartoffeln ganz fein in das Kraut reiben, unterrühren und so das Kraut leicht binden.
Das gegarte Fleisch mit den Blut-, Leber- und geräucherten Würsten sowie den Leberknödeln auf das Kraut geben und weitere 15 Minuten zugedeckt bei geringer Hitzezufuhr ziehen lassen.
In der Zwischenzeit die Bratwürste braten. Kurz vor dem Anrichten den Champagner in das Kraut rühren und schließlich alles zusammen auf einer großen Platte servieren.

Mit in Butter geschwenkten Kartoffeln oder Kartoffelpüree und knackigem, jungem Gemüse servieren. Dazu, ganz nach Geschmack, feinen oder groben Senf reichen.

BERLINER EISBEIN

MIT ERBSENPÜREE

Eisbein ist nicht nur eines der typischsten Gerichte der Berliner Küche, es wurde auch hier geboren. So lässt sich historisch belegen, dass es in einer Gaststätte am Görlitzer Bahnhof Anfang des 19. Jahrhunderts erfunden worden ist.
Woher der Name kommt, ist eine andere Geschichte: Seit ca. 300 Jahren kennen die Berliner schon das Schlittschuhlaufen. Bis aber der Stahl um 1840 industriell hergestellt werden konnte, und somit auch bezahlbar wurde, mussten die Berliner sich behelfen. Ein findiger Kopf hatte die Idee aus den sehr harten und widerstandsfähigen Kniebeinknochen des Schweins Gleitkufen für Schlitten und Schuhe zu formen – die Eisbeine waren erfunden.

Zutaten für 4 Personen
Zubereitungszeit 1½ Stunden
Vorbereitungszeit 12 Tag

Eisbein

2 gepökelte Eisbeine (vom Metzger halbieren lassen)
2 Zwiebeln
1 Lauchstange
2 Karotten
1 Knollensellerie
3 Lorbeerblätter
4 Pimentkörner
7 Pfefferkörner
1 Thymianzweig
1 Liebstöckelzweig
50 g Zucker

Erbsenpüree

400 g getrocknete gelbe Erbsen
1 l Geflügelfond
2 Zwiebeln
100 g magerer Speck
2 EL Butter
Majoran
Salz, Pfeffer

Eisbein

Da die Laken vom Metzger oft sehr salzig sind, die Eisbeinteile unter kaltem Wasser abwaschen, anschließend in einen großen Topf geben. Zwiebeln und Gemüse grob würfeln und mit den Kräutern und Gewürzen dazugeben. Mit Wasser bedecken, auf 80 °C erhitzen und ca. 70 Minuten garen. Nach 20 Minuten den Zucker dazugeben, das gibt einen feineren Geschmack und bewirkt den appetitlichen rosa-Schweinchen-Farbton. Danach ist das Eisbein servierbereit.

Erbsenpüree

Die Erbsen am Vortag für mindestens 8 Stunden, am besten über Nacht, in reichlich kaltem Wasser einweichen. Sollten Schalenreste, dunkle Erbsen oder Schmutzteile sich abheben, bitte entfernen. Die Erbsen abgießen und im Geflügelfond bei mittlerer Hitze ca. 1 Stunde kochen. Die sehr weich gegarten Erbsen durch ein Sieb streichen oder im Mixer zu einer feinen Masse verarbeiten. Die Zwiebeln und den Speck fein würfeln und in Butter schön anschwitzen. Das Erbsenpüree mit dem Zwiebel-Speck-Gemisch gut verrühren und mit Majoran verfeinern.

Original wird das Eisbein auf Sauerkraut mit Erbsenpüree serviert. Aber auch mit Kartoffeln oder auf Wirsinggemüse ist das eisige Bein ein Genuss.

SCHWÄBISCHE MAULTASCHEN
MIT KARTOFFELSALAT

Während der Fastenzeit kamen einige findige Mönche auf eine Idee, ihre vollen Speisenkammern zu verwerten, statt zu darben: Alle Zutaten wurden meisterlich in einen Nudelteig verpackt. So, meinten die Mönche, könne ja der liebe Gott nicht sehen was sie essen, und was der Herr nicht sieht, das kann auch keine Sünde sein. Daher haben die Maultaschen ihren zweiten Namen: Herrgottsbescheißerle.

Zutaten für 4 Personen
Zubereitungszeit 3 Stunden

Füllung
1 Zwiebel
30 g Butter
80 g geräucherter Bauchspeck
1 altbackenes Brötchen
200 g Blattspinat
300 g Schweinehackfleisch
2 Eier
Salz, Pfeffer, Muskat

Nudelteig
Nudelteig (Grundrezept Seite 219)
1 Eigelb zum Verkleben des Teigs
2 l Fleischfond
Salz, Muskat

Kartoffelsalat
500 g Kartoffeln
1 Prise Kümmel
1 Zwiebel
2 EL Senf
4 cl Essiggurkensaft
500 ml Geflügelfond
1 El Weinessig
1 EL Distelöl
1 EL gehackte glatte Petersilie
Salz, Pfeffer

Anrichten
4 Zwiebeln
2 EL Butter

Füllung
Die Zwiebeln fein würfeln und in der Butter glasig dünsten. Den Speck würfeln, zu den Zwiebeln geben und mitschwitzen. Das Brötchen in etwas Wasser einweichen. Den Spinat blanchieren, in Eiswasser abschrecken, gut ausdrücken und fein hacken. Spinat, Hackfleisch, Zwiebeln, Speck und die Eier zu einer geschmeidigen Masse verrühren, mit Salz, Pfeffer und Muskat würzen.

Nudelteig
Den fertigen Nudelteig mit Folie abdecken und für 1 Stunde im Kühlschrank ruhen lassen. Mithilfe einer Nudelmaschine den Teig ausrollen. Auf zwei Drittel des Teigblatts die Fleischmasse dünn aufstreichen, das letzte Drittel mit Eigelb bestreichen. Den Teig so zusammenrollen, dass das mit Eigelb bestrichene Stück am Ende die Rolle zusammenklebt. Nun mit einem Kochlöffel in beliebiger Form Maultaschen abdrücken und mit einem Messer die einzelnen Taschen auseinanderschneiden. Die Maultaschen in einem kräftigen Fond garen.

Kartoffelsalat
Die Kartoffeln sauber waschen und in Salzwasser mit Kümmel weich kochen. Abgießen, so heiß wie möglich pellen und in nicht zu dünne Scheiben schneiden.
Die Zwiebeln fein würfeln, mit Senf, Essiggurkensaft und Fond aufkochen. Heiß über die Kartoffeln gießen und abgedeckt 20 Minuten ziehen lassen. Mit Weinessig, Salz und Pfeffer abschmecken. Etwas Öl dazugeben und mit der Petersilie verfeinern

Anrichten
Die Zwiebeln in feine Ringe schneiden und in der Butter schön bräunen. Die geschmelzten Zwiebeln auf den Maultaschen anrichten und mit dem Kartoffelsalat servieren.

Übrig gebliebene Maultschen am nächsten Tag, anbraten und mit ein paar verquirlten Eiern abbinden. Der Kartoffelsalat lässt sich mit Salatgurken, Feldsalat, Endiviensalat und kräftig angebratenem Bauchspeck verfeinern.

KRUSTENBRATEN
IN BIERSAUCE

Zutaten für 6–8 Personen
Zubereitungszeit 3 Stunden

1 Schweinebraten mit Schwarte (Hals, Keule oder Schulter, etwa 2 kg)
8 Zwiebeln
500 ml helles Bier
Weizenstärke
Salz, Pfeffer, Kümmel

Den Backofen auf 220 °C vorheizen. Die Schwarte des Schweinebratens mit einem scharfen Messer rautenförmig einschneiden und mit Salz, Pfeffer und Kümmel gut einreiben. In einem Schmortopf 250 Milliliter Wasser aufkochen, den Schweinebraten mit der Schwarte nach unten in den Topf legen und in den Backofen geben. Nach 25 Minuten den Braten wenden und die Temperatur auf 180 °C reduzieren. Weitere 35 Minuten später die mit der Schale geviertelten Zwiebeln dazugeben und 15 Minuten braten. Mit dem Bier ablöschen, nun in etwa 45 Minuten zu Ende garen, dabei den Braten gelegentlich mit dem Bierfond begießen.
Den Braten aus dem Ofen nehmen, den Backofen auf 230 °C Oberhitze heizen, den Braten zurück in den Ofen geben und die Schwarte schön bräunen. Sie platzt und knallt dabei wie Popcorn. Den Braten aus dem Topf nehmen, die Sauce passieren und mit wenig Weizenstärke abbinden.

ROTKRAUT
MIT ÄPFELN

Zutaten für 6–8 Personen
Zubereitungszeit 1 ½ Stunden
Marinierzeit 1 Tag

1 Rotkohlkopf
Saft von 2 Zitronen
1 Zwiebel
100 g Schweine- oder Gänseschmalz
250 ml Rotwein
100 ml roter Portwein
2 süße Äpfel
2 EL Honig
6 Wacholderbeeren
3 Nelken
1 Zimtstange
3 Pimentkörner
2 Lorbeerblätter
Abrieb von je 1 Orange und Zitrone
Geflügelfond nach Bedarf
½ TL Weizenstärke
Salz, Pfeffer

Den Rotkohl vierteln, die äußeren Blätter und den Strunk entfernen und den Kohl in dünne Streifen schneiden. Mit Zitronensaft, Salz und Pfeffer marinieren. Dazu den gewürzten Zitronensaft zum Rotkohl geben, zunächst etwa 5 Minuten leicht einmassieren und anschließend für 24 Stunden kühl lagern. Den Rotkohl anschließend abgießen, die Marinade dabei auffangen.
Die Zwiebeln fein würfeln, in einem großen Topf im Schweineschmalz andünsten, den Rotkohl dazugeben und leicht mitdünsten. Mit Rotwein, Portwein und dem Saft der Marinade ablöschen und aufkochen lassen. Die Äpfel schälen und in den Rotkohl reiben, den Honig unterrühren. Die Gewürze in einem ausrangierten Tee-Ei oder in einem Teebeutel in den Rotkohl geben und auf kleiner Flamme etwa 1 Stunde sanft köcheln lassen, gegebenenfalls etwas Geflügelfond angießen. Wenn das Kraut weich ist, die restliche Flüssigkeit mit Weizenstärke abbinden, so bekommt man einen schönen Glanz und eine geschmeidige Bindung.

Zu einem Krustenbraten passt Rotkraut einfach am besten.

PFÄLZER SAUMAGEN

KLASSISCH GEFÜLLT

Zutaten für ca. 8–10 Personen
Zubereitungszeit 3 Stunden

Saumagen

1 junger Schweinemagen
(vom Metzger säubern lassen)
3 altbackene Brötchen
100–200 ml Milch
1 große Metzgerzwiebel
1 EL Schweineschmalz
3 Eier
600 g Schweinehackfleisch
100 g gekochte Kartoffeln
80 g gegarte Maronen
3 gekochte Karotten
1 EL gehackte glatte Petersilie
1 TL gehackter Majoran
Salz, Pfeffer

Garmethode I

2 EL Schmalz
200 g Röstgemüse (Zwiebeln, Karotten, Knollensellerie)
250 ml Riesling

Garmethode II

1 Bd. Suppengemüse
2 EL Butterschmalz
Salz

Saumagen

Sollten Sie den Schweinemagen selbst säubern, muss dieser zunächst ein paar Mal von innen und außen kräftig gesalzen und gewaschen werden, so löst sich der Schleim. Danach von innen und außen richtig trocken reiben.
Die Brötchen in der Milch einweichen. Die Zwiebel fein würfeln, im Schmalz ohne Farbe anschwitzen und mit den eingeweichten und ausgedrückten Brötchen, Eiern und dem Schweinehack zu einer geschmeidigen Masse rühren, mit Salz und Pfeffer würzen. Die Kartoffeln, Maronen und Karotten in 1 ½ Zentimeter große Würfeln schneiden und unter die Fleischmasse heben, mit Petersilie und Majoran verfeinern. Die Masse in den trockenen Magen füllen und mit einer Nähnadel und Küchengarn zunähen.

Garmethode I

Den Backofen auf 200 °C vorheizen. Den Schweinemagen von allen Seiten im Schmalz braun anbraten. Das Gemüse dazugeben und mit dem Riesling ablöschen, im Backofen etwa 2 Stunden garen. Regelmäßig mit dem Bratensaft übergießen, gegebenenfalls mit Wasser oder Geflügelfond auffüllen.

Garmethode II

Das Suppengemüse würfeln, mit dem Magen in etwa 2 Liter heißes Salzwasser geben und etwa 2 Stunden garen. Den fertig gegarten Saumagen in Scheiben schneiden und in Butterschmalz schön anbraten.

Dazu servieren wir Weißkraut und Brot, aber auch Rotkraut, Wirsing- oder Wurzelgemüse passen sehr gut dazu.

SCHWEINELEBER

BERLINER ART

Zutaten für 4 Personen
Zubereitungszeit 40 Minuten

4 Scheiben Schweineleber à 150 g
1 EL Mehl
1 EL Öl
1 EL Butter
4 Zwiebeln
2 EL Schmalz
100 ml roter Portwein
4 Äpfel (Boskop)
1 EL Zucker
1 EL Butter
Majoran zum Garnieren
Salz, Pfeffer

Die Leberscheiben etwas trocken tupfen, in Mehl wenden und in Öl und Butter auf beiden Seiten in ca. 5 Minuten braun anbraten. Sie sollten in der Mitte noch schön rosa und saftig sein. Erst danach salzen und pfeffern, sonst wird die Leber beim Braten trocken.
Die Zwiebeln schälen, halbieren und in Scheiben schneiden, danach in Schmalz schön braun anbraten, etwas salzen und mit dem Portwein ablöschen, kurz aufkochen lassen.
Die Äpfel schälen, mit einem Apfelausstecher das Kerngehäuse entfernen und die Äpfel in Scheiben schneiden. In einer Eisenpfanne den Zucker zu leichtem Karamell schmelzen, die Apfelscheiben hineingeben und die Äpfel mit ein wenig Butter goldbraun braten.
Die Leber mit Zwiebeln und Äpfeln servieren, ein paar frische Majoranblätter darüberstreuen.

Zur braun gebratenen Leber schmecken Stampfkartoffen, Bratkartoffeln oder feines Kartoffelpüree.

SCHWEINEBRATEN
IN KÜMMELJUS

Nicht nur als komplette Hauptmahlzeit mit Schupfnudeln und Wirsinggemüse oder Rotkraut und Klößen schmeckt dieser deftige Braten. Kalt in dünne Scheiben geschnitten lässt er sich auch am nächsten Tag noch mit Senf oder einer Remouladensauce genießen.

Zutaten für 6 Personen
Zubereitungszeit 2 Stunden

1 ½ kg Schweinehals
3 Karotten
1 kleiner Knollensellerie
4 Zwiebeln
1 Knoblauchzehe
½ TL Nelken
½ TL Kümmel
2 Lorbeerblätter
200 ml dunkles Bier
250 ml Geflügelfond 1 (Grundrezept Seite 218)
½ TL Weizenstärke
Salz, Pfeffer

Den Backofen auf 220 °C vorheizen. Den Schweinebraten kräftig mit Salz und Pfeffer einreiben, mit 200 Milliliter kochendem Wasser in einen Bräter geben und in den Ofen schieben.
Karotten und Sellerie würfeln, die Zwiebel mit der Schale vierteln, den Knoblauch grob hacken und alles nach 30 Minuten zum Braten geben. Die Gewürze ebenfalls dazugeben und mit dem Bier ablöschen. Nach weiteren 45 Minuten die Temperatur auf 180 °C reduzieren, den Geflügelfond angießen (so bekommen wir eine schöne Saucenmenge) und in etwa 30 Minuten fertig garen. Den Braten zwischendurch immer wieder mit dem Bratensaft übergießen.
Das fertig gegarte Fleisch aus dem Bräter nehmen, die Sauce passieren und mit etwas Weizenstärke leicht abbinden.

Pro Kilogramm Schweinefleisch können Sie mit einer Garzeit von 60–70 Minuten rechnen.

SAURES VON HERZ, LEBER, ZUNGE UND NIEREN

EINE SPEZIALITÄT AUS DEM SCHWÄBISCH-BADISCHEN LÄNDLE

Zutaten für 4 Personen
Zubereitungszeit 3 Stunden

2 Schweinezungen
2 Schweineherzen
Kräuter und Gewürze nach Geschmack
(Lorbeer, Wacholder, Pfeffer, Thymian, Majoran)
4 Zwiebeln
50 g Schweineschmalz
2 süße Äpfel
2 EL Honig
250 ml naturtrüber Apfelsaft
½ Schweineleber
2 Schweinenieren
100 g Butter
500 ml Spätburgunder
1 Knoblauchzehe
½ Bd. Majoran
1 Thymianzweig
1 Schuss Essig
Salz, Pfeffer

Zungen und Herzen in kochendem Salzwasser mit den Gewürzen und Kräutern weich garen, aus dem Fond nehmen, unter kaltem Wasser abschrecken und die weiße Haut der Zunge abziehen.
Die Zwiebeln in feine Würfel schneiden und in einem großen Topf in Schweineschmalz leicht Farbe annehmen lassen. Die Äpfel würfeln und zu den Zwiebeln geben. Etwas mitschwitzen, den Honig dazugeben und mit dem Apfelsaft ablöschen. Reduzieren bis fast keine Flüssigkeit mehr vorhanden ist.
Zunge und Herz in Streifen schneiden und zum Zwiebelansatz geben. Leber und Niere ebenfalls in Streifen schneiden und portionsweise mit brauner Butter in einer Pfanne anbraten, anschließend auch zum Zwiebelansatz geben. (Nicht zu viel auf einmal in die Pfanne geben, sonst werden die Fleischstücke eher gekocht als gebraten.) Den Bratenansatz mit etwas Spätburgunder ablöschen, mit Salz und Pfeffer würzen und zum Fleisch in den Topf geben.
Den restlichen Spätburgunder mit dem zerriebenen Knoblauch und den gehackten Kräutern dazugeben und alles zusammen ca. 30 Minuten auf kleiner Hitze ziehen lassen. Nun mit Essig abschmecken.

Wem die Sauce zu dünn ist, der kann sie mit etwas Speisestärke andicken. Auch Essiggurkenstreifen passen mit ihrer milden Säure gut zu dieser Spezialität. Dazu schmecken Kartoffeln, Kartoffelpüree, Bandnudeln oder Klöße, ein leckerer Kopf- oder Rote-Bete-Salat vollendet das Gericht.

SCHWEINEPFEFFER
IN BLUTSAUCE

Zutaten für 4 Personen
Zubereitungszeit 1 ½ Stunden

800 g nicht zu magere Schweineschulter ohne Schwarte
100 g Schweineschmalz
500 g Zwiebeln
1 EL Tomatenmark
100 g Gemüsewürfel (Karotten, Knollensellerie)
100 g kleine Champignons
500 ml Spätburgunder
6 Pfefferkörner
6 Wacholderbeeren
3 Nelken
4 Pimentkörner
1 Lorbeerblatt
1 Msp. edelsüßes Paprikapulver
2 Knoblauchzehen
1 l brauner Grundfond (Grundrezept Seite 218)
1 Tasse frisches Schweineblut
Salz, Pfeffer

Das Fleisch in 3 Zentimeter große Würfel schneiden. In einem Schmortopf mit dem Schweineschmalz braun anbraten, salzen und unter Rühren so lange erhitzen, bis der entstandene Fleischsaft verdampft ist und das Fleisch wieder anfängt zu braten. Die Zwiebeln fein würfeln, zum Fleisch geben und mitbraten. Das Tomatenmark dazugeben und kurz mitrösten. Die Gemüsewürfel und die kleinen Champignons ebenfalls in den Schmortopf geben und mit wenig Wein ablöschen, um den Bratensatz zu lösen. Den Vorgang 2–3-mal wiederholen.
Die Gewürze und den Knoblauch im Mörser zu einer feinen Paste reiben, zum Fleisch geben und mit dem restlichen Spätburgunder und dem Grundfond auffüllen. Das Ragout ca. 45 Minuten garen.
Das fertig gegarte Fleisch ausstechen, die Sauce passieren, erneut erhitzen und auf die Hälfte reduzieren. Abschmecken und das Schweineblut unter ständigem Rühren in die Sauce laufen lassen, um die gewünschte Bindung zu erreichen. Die Sauce darf nicht mehr kochen, sonst gerinnt das Blut. Das Fleisch zurück in die Sauce geben und vorsichtig erwärmen.

Als Beilage passen Spätzle, Bandnudeln oder Serviettenknödel sowie Pilze und diverse Krautgerichte.

SPARERIBS „WHITE TRASH“

EIN REZEPT VON MEINEM FREUND WALLY

Der aus Kalifornien stammende Gastronom kennt sich bestens in der amerikanischen und mexikanischen Küche aus. Viele Jahre hat er an diesem Rezept gefeilt, um es zu perfektionieren. Statt normales Chilipulver zu verwenden, gibt es bei Wally zum Beispiel einen speziellen Chili-con-carne-Mix, alternativ lässt sich etwas Kreuzkümmel und Oregano zum Chilipulver mischen.

Zutaten für 4 Personen
Sauce ergibt ca. 1 Liter
Zubereitungszeit 3 Stunden

Spareribs

2 kg Schweinerippchen

Barbecuesauce

250 g Zwiebeln
125 g Butter
2 EL Ingwer
1 Knoblauchzehe
1 TL Cayennepfeffer
1 EL Chilipulver
1 EL mittelscharfer Senf
1 TL gemahlener schwarzer Pfeffer
3–4 eingelegte Chilischoten mit etwas Saft (Chipotle Peppers)
150 ml Apfelessig
400 ml Orangensaft
20 ml Sojasauce
80 ml Worcestersauce
170 g brauner Rohrohrzucker
250 g Ketchup
100 g Tomatenmark
30 g Salz

Spareribs

Die Spareribs säubern, im Salzwasser gar köcheln, herausnehmen und erkalten lassen. In der Gastronomie gibt es dafür natürlich auch noch andere Geräte als einen simplen Topf. Wally gart hier zum Beispiel in einem Combithermgerät, das sowohl mit Umluft als auch mit Dampf und allem möglichen anderen Schnickschnack garen kann.

Barbecuesauce

Die Zwiebeln fein hacken und in einem Topf mit der Butter sanft schmoren, bis sie schön gebräunt sind.
Den Ingwer hacken, den Knoblauch fein reiben und zu den Zwiebeln geben. Cayennepfeffer, Chilipulver, Senf und Pfeffer dazugeben und etwa 5 Minuten bei kleiner Hitze mitschwitzen.
Nun die Chilischoten mit etwas Flüssigkeit, Apfelessig, Orangensaft, Soja- und Worcestersauce sowie braunen Zucker in den Topf geben, aufkochen lassen, die Hitze reduzieren und unter gelegentlichem Rühren 40 Minuten sanft köcheln lassen. Anschließend zu einer homogenen Sauce pürieren, Ketchup und Tomatenmark unterrühren und mit Salz abschmecken.

Fertigstellen

Die Ribs nun auf dem Grill kross grillen, danach mit der Barbecuesauce bestreichen und für ein paar Minuten unter den Salamander oder in den Backofen mit Oberhitze geben.
Als Beilagen schmecken natürlich Pommes frites, aber auch kleine gebratene Kartoffeln, Salate oder eingelegte Gemüse.

Am leckersten werden die Ribs, wenn sie nach dem Kochen ca. 20 Minuten geräuchert werden, alternativ können Sie 1 Esslöffel Räucheröl mit dem Orangensaft in die Sauce geben. Es bringt nichts, das Fleisch in der Sauce zu marinieren, da es auf dem Grill zu schnell verbrennen und bitter schmecken würde.

MASTERS
OF REALITY

ALTO-SHAAM

Was haben die Ramones, der Comedian Heinz Strunk und Wolfgang Müller gemeinsam? Alle drei treffen sich im Berliner White Trash. Diese einmalige Mischung aus Restaurant, Livebühne, Raucherkino und Tattoo-Studio am Prenzlauer Berg bringt zusammen, was zusammengehört: Die Ramones lärmen im Kino in ihrem Film „Rock'n'Roll Highschool" mit aktuellen Punkrockbands auf der Bühne nebenan um die Wette, während sich unten im „No pain no brain"-Studio der Bestsellerautor Strunk („Fleisch ist mein Gemüse") sein Mutti-Tattoo „Gretchen" in den Unterarm stechen lässt. Und mitten drin in dem Gewusel sitzt immer wieder Wolfgang Müller und genießt Musik, Flair und das Essen.

White-Trash-Gründer Walter „Wally" Potts kam vor 20 Jahren als Kunststudent nach Berlin und blieb – nicht nur in Berlin, auch in der Gastronomie – hängen. Wally spricht trotzdem noch immer kein Wort Berlinerisch, der breite US-Akzent ist nach wie vor sein Markenzeichen. Und seine Rippchen.

Die wiederum sorgen dafür, dass Wolfgang Müller noch häufiger hier aufkreuzt. Die Ribs (siehe Rezept Seite 204) sind trotz vieler anderer spannender Posten auf der Speisekarte (Wallys Motto: „Exotisches Essen nach Hausfrauenart") das kulinarische Meisterstück der Trash-Cuisine. Abhängig von der jeweiligen Versorgungslage stammen sie von munteren, frei laufenden Schweinen oder vom Kalb. Rinderrippen, wie es sie in den USA bei vielen BBQ-Gelegenheiten in unglaublich guter Qualität gibt, kommen bei Wally nicht auf den Teller, einfach, weil „du deutsches Rindfleisch nicht essen kannst. Deswegen beziehen wir unsere Steaks auch aus Amerika." Das deutsche Kalb, fand Wally im Laufe seiner langen Jahre als Selfmade-Koch heraus, liefert dagegen hervorragende Rippchen.

Doch viel wichtiger ist ihm die Grundqualität: „Fleisch aus dem Supermarkt oder dem Tiefkühler geht gar nicht, das hat alles so einen sauren Geschmack. Wichtig beim Fleisch sind das Futter, die artgerechte Haltung und ein stressfreies Schlachten der Tiere. Dann stimmt auch die Qualität." Eine fast schon snobistische Haltung, wenn man die Geschichte der Ribs bedenkt: „In Amerika war das früher Essen für die ganz Armen, für die Sklaven. Leute mit Geld hätten sowas niemals gegessen", grinst Wally, wohl wissend, welchen Aufwand die Menschen betreiben mussten, um aus diesen Stücken noch delikates Essen zu zaubern.

Auch Wally selbst brauchte, „obwohl ich ganz gut kochen kann, sieben, acht Jahre, um das Rippchenrezept zu perfektionieren". Seine Rib-Geheimnisse: Fleisch über Nacht nass marinieren, vakuumiert im Kombidämpfer angaren, dann erst kalt und später heiß räuchern und die BBQ-Sauce erst ganz am Ende zugeben (Kräuter und Zucker verbrennen sonst und werden bitter).

Und wenn, was selten vorkommt, Wally mal nicht mehr weiter weiß, ist ja sein Stammgast nicht weit: „Wenn ich irgendwas wissen muss, frage ich Wolfgang."

DESSERTS

GEFÜLLTE SCHWEINEOHREN

MIT TOPFENMOUSSE, SAFRANBIRNE UND BANYULSEIS

Schlachterfest 2006

Zutaten für 4 Personen
Zubereitungszeit 1 ½ Stunden
Abtropfzeit 8 Stunden

Schweineohren

200 g Blätterteig
4 EL brauner Rohrzucker
1 Eigelb

Topfenmousse

500 g Topfen (Quark)
Mark von 1 Vanilleschote
150 g Puderzucker
Abrieb von 1 Zitrone
1 Prise Salz
200 ml Sahne
2 Eiweiß

Safranbirne

50 g Zucker
250 ml Apfelsaft
0,4 g Safranfäden
2 Birnen
½ TL Weizenstärke

Banyulseis

250 ml Banyuls (süßer Rotwein aus Frankreich) oder roter Portwein
160 g Butter
3 Eigelb
80 g Zucker

Anrichten

Minze
Zuckerfäden

Schweineohren

Den Blätterteig ca. 3 Millimeter dünn ausrollen, den Rohrzucker darauf verteilen und mit dem Nudelholz etwas andrücken. Nun den Teig von zwei Seiten zur Mitte hin zusammenrollen, bis sich die beiden Rollen in der Mitte treffen. Danach die Rolle in etwa 1 Zentimeter dicke Stücke schneiden.
Den Backofen auf 200 °C vorheizen. Die Schweineohren auf ein mit Backpapier ausgelegtes Backblech legen und mit etwas Eigelb bestreichen. Im Backofen ca. 5 Minuten goldbraun backen.

Topfenmousse

Den Topfen mit dem Vanillemark, 100 Gramm des Puderzuckers, dem Zitronenabrieb und dem Salz verrühren. Die Sahne schlagen und unter den Quark heben. Das Eiweiß mit dem restlichen Puderzucker steif schlagen und ebenfalls unter die Masse heben. Die Mousse in einem sauberen Küchentuch auf ein Sieb legen, eine Schüssel darunterstellen und über Nacht im Kühlschrank abtropfen lassen.

Safranbirne

Den Zucker in einem Topf karamellisieren, mit dem Apfelsaft ablöschen, den Safran dazugeben und etwas köcheln lassen. (Wer möchte, kann auch Gewürze wie Nelke, Zimt und Lorbeer dazugeben.)
Die Birnen schälen und so halbieren, dass jede Hälfte noch ein Stück Stiel hat. Die Birnenhälften in den Sud geben und in etwa 15 Minuten weich garen. Herausnehmen und fächerartig aufschneiden, die Birnen sollten an den Stielenden noch zusammenbleiben. Die Sauce mit etwas angerührter Weizenstärke abbinden.

Banyulseis

Den Banyuls auf 200 Milliliter reduzieren. Die Butter würfeln und unterrühren. Eigelb und Zucker miteinander verrühren, die Banyuls-Butter-Mischung dazugeben und auf dem Wasserbad zur Rose abziehen. Die Masse durch ein Sieb passieren und in einer Eismaschine gefrieren.

Anrichten

Die Birnen auf den Tellern anrichten, aus dem Banyulseis Nocken stechen und neben den Birnen platzieren. Die kleinen Schweineöhrchen abwechselnd mit dem Topfenmousse zu kleinen Türmchen aufschichten. Mit Minze und Zuckerfäden garniert servieren.

GEBACKENE RINGELSCHWÄNZCHEN

MIT SCHOKOLADEN-KAFFEE-SÜPPCHEN, QUITTEN UND WEISSEM MOKKA-VANILLE-EIS

Schlachterfest 2007

Zutaten für 4 Personen
Zubereitungszeit 4 Stunden

Ringelschwänzchen
200 g Blätterteig
2 EL brauner Rohrzucker
1 Eigelb

Schokoladen-Kaffee-Süppchen
300 g Zartbitterschokolade
100 ml Espresso
Abrieb von je 1 Zitrone und Orange
1 EL Honig
6 cl Kaffeelikör

Quitten
2 Quitten
80 g Zucker
100 ml Weißwein
200 ml Apfelsaft
Mark von 1 Vanilleschote
50 g Rosinen
½ TL Weizenstärke
2 cl Quittenschnaps

Mokka-Vanille-Eis
250 ml Sahne
250 ml Milch
50 g Espressobohnen
5 Eigelb
Mark von 2 Vanilleschoten
125 g Zucker

Anrichten
frische Minzeblätter
Granatapfelkerne

Ringelschwänzchen

Den Blätterteig ca. 3 Millimeter dünn ausrollen, mit dem braunen Zucker bestreuen und anschließend in Streifen schneiden. Die Streifen mit den Händen zu langen, dünnen Würsten formen (sie sollten 25–30 Zentimeter lang sein), um einen Kochlöffelstiel drehen und auf ein mit Backpapier ausgelegtes Blech streifen.
Den Backofen auf 200 °C vorheizen und die Schwänzchen ca. 3 Minuten anbacken, mit dem Eigelb bestreichen und in weiteren 3 Minuten fertig backen.

Schokoladen-Kaffee-Süppchen

Die Schokolade im Espresso erhitzen und auflösen. Zitronen- und Orangenabrieb sowie Honig dazugeben und zu einer geschmeidigen Masse verrühren, mit dem Kaffeelikör verfeinern.

Quitten

Die Quitten vierteln, schälen, Kerngehäuse entfernen und schließlich in gleichmäßige Stücke schneiden. Den Zucker leicht karamellisieren, mit Weißwein und Apfelsaft ablöschen, die Quittenstücke dazugeben und ca. 30 Minuten auf kleiner Flamme gar ziehen lassen. Die Quittenstücke herausnehmen, Vanillemark und Rosinen in die Sauce geben und mit etwas angerührter Weizenstärke abbinden. Quittenstücke wieder dazugeben und mit dem Quittenschnaps verfeinern.

Mokka-Vanille-Eis

Sahne und Milch vermischen und auf ca. 50 °C erhitzen. Vom Herd nehmen, die Espressobohnen dazugeben und abgedeckt ca. 30 Minuten ziehen lassen.
Die Eigelbe mit dem Vanillemark und dem Zucker schaumig rühren. Die Sahne-Milch-Masse aufkochen und durch ein Sieb in die Eigelbmasse rühren. Danach auf einem Wasserbad zur Rose abziehen. Nochmals durch ein Sieb laufen lassen und in einer Eismaschine gefrieren.

Anrichten

Das Qittenkompott auf Tellern verteilen, je eine Nocke Mokka-Vanille-Eis daraufsetzen, mit der Minze und einigen Granatapfelkernen garnieren und mit dem Süppchen und den gebackenen Ringelschwänzchen servieren.

GEEISTER PFÄLZER SAUMAGEN

MIT MARZIPAN, NOUGAT UND PISTAZIEN, DAZU GEWÜRZFEIGEN UND KLEINE APFELTASCHEN

Schlachterfest 2008

Zutaten für 4 Personen
Zubereitungszeit 4 Stunden
Ziehzeit 12 Stunden
Gefrierzeit 24 Stunden

Saumagen

200 g Marzipan
1 TL Butter
50 g heller Nougat
100 ml Milch
2 Eier
2 Eigelb
50 g Zucker
je 30 g Rosinen, ganze Mandeln und ganze Pistazien
je 20 g Orangeat und Zitronat
Mark 1 Vanilleschote
400 ml Sahne

Gewürzfeigen

50 ml roter Portwein
100 ml Rotwein
2 EL Zucker
2 cl Cassislikör
Abrieb von je 1 Orange und Zitrone
30 g Ingwer
½ Zimtstange
2 Nelken
2 Lorbeerblätter
½ Chilischote
½ TL Weizenstärke
12 frische Feigen

Apfeltaschen

2 Äpfel
40 g Butter
50 g Zucker
1 Prise Zimt
200 g Blätterteig
1 Eigelb

Saumagen

Das Marzipan dünn ausrollen. Eine runde Schüssel gut mit Butter einfetten und mit dem Marzipan auslegen. Den Nougat in der Milch erhitzen und schmelzen. Eier, Eigelb und Zucker schaumig rühren. Die heiße Nougat-Milch-Masse dazugeben und auf einem Wasserbad zur Rose abziehen.
Anschließend über Eiswasser kalt schlagen, dann die restlichen Zutaten, bis auf die Sahne, dazugeben und gut unterrühren. Die Sahne schlagen, vorsichtig unter die Masse heben und in die mit Marzipan ausgelegte Schüssel füllen. Für 24 Stunden tiefgefrieren.

Gewürzfeigen

Portwein, Rotwein und Zucker in einen Topf geben, leicht erhitzen und den Zucker unter Rühren lösen. Cassislikör, Abrieb, den geriebenen Ingwer und die Gewürze dazugeben, aufkochen und vom Herd nehmen. Die Sauce mit etwas Weizenstärke leicht abbinden.
Die Feigen vorsichtig schälen, der Stiel sollte dranbleiben, in die Sauce geben und über Nacht (etwa 12 Stunden) ziehen lassen. Anschließend die Feigen aus dem Sud nehmen, die Sauce leicht erhitzen und durch ein Sieb geben und die Feigen zurück in die Sauce geben.

Apfeltaschen

Die Äpfel schälen, das Kerngehäuse entfernen, danach in kleine Stücke schneiden. Zucker und Butter in einem Topf erhitzen, die Apfelstücke dazugeben und zu einem leckeren Apfelkompott kochen. Mit Zimt verfeinern und auskühlen lassen.
Den Backofen auf 200 °C vorheizen. Den Blätterteig dünn ausrollen, in etwa 7 Zentimeter große Quadrate schneiden und die Ränder mit etwas Eigelb bestreichen. Das Apfelkompott daraufgeben und zu Dreiecken zusammenklappen. Die Ecken andrücken und auf ein mit Backpapier ausgelegtes Blech legen. Mit dem restlichen Eigelb bestreichen und im Backofen ca. 10 Minuten goldbraun backen.

Anrichten

Das Parfait aus der Schüssel lösen, dazu eventuell unter heißem Wasser etwas anwärmen, und in Scheiben schneiden. Die Apfeltaschen mit etwas Puderzucker bestäuben und mit den Saumagenscheiben, den Feigen und etwas Feigensauce auf Tellern anrichten. Mit Minzblättchen garnieren und sofort servieren.

GRUNDREZEPTE

GEFLÜGELFOND 1

Fond für Suppen und Saucen

Zutaten für 5 Liter

3 kg Geflügelkarkassen
2 Lauchstangen (nur das Weiße)
1 Knollensellerie
5 Zwiebeln
2 Petersilienwurzeln
1 Knoblauchzehe
8 Wacholderbeeren
2 Thymianzweige
2 Lorbeerblätter
4 Nelken
10 Pfefferkörner
3 Pimentkörner
½ Bd. glatte Petersilie
Meersalz

GEFLÜGELFOND 2

Asiatischer Fond für Suppen und Saucen

Zutaten für 5 Liter

3 kg Geflügelkarkassen
2 Lauchstangen (nur das Weiße)
3 Staudenselleriestangen
5 Zwiebeln
300 g Ingwer
3 Knoblauchzehen
5 Limettenblätter
2 Thymianzweige
2 Chilischoten
4 Nelken
6 Kardamomkapseln
10 Pfefferkörner
3 Pimentkörner
½ Bd. glatte Petersilie
1 Bd. frischer Koriander
1 EL geröstete Korianderkörner
2 Zitronenblätter
Meersalz

Die Geflügelkarkassen in 7 Liter kaltem Wasser aufsetzen, mit etwas Meersalz ansalzen und aufkochen. Den entstehenden Schaum abschöpfen, die Hitzezufuhr reduzieren und den Fond bei etwa 80 °C nur leicht köcheln lassen.
Nun das Gemüse putzen und gegebenenfalls schälen, in grobe Stücke schneiden, zum Fond geben und 1 Stunde ziehen lassen. Nun Kräuter und Gewürze für weitere 30 Minuten zum Fond geben. Anschließend vorsichtig durch ein feines Passiertuch laufen lassen.
Den Fond erneut erhitzen und evtl. mit Salz nachschmecken. Wichtig: Nicht zu stark salzen, da Grundfonds oft in der Weiterverarbeitung reduziert werden und so zu salzig werden können.

In Einmachgläser füllen oder portionsweise einfrieren, so haben Sie immer etwas Fond auf Vorrat. Für einen Gemüsefond die Geflügelknochen einfach weglassen.

BRAUNER GRUNDFOND

Fond für Saucen, zum Schmoren und Ablöschen

Zutaten für 2 Liter

1 kg Schweineknochen (am besten Brust- oder Rückenknochen)
2 EL Öl
4 Zwiebeln
1 kleiner Knollensellerie
3 Möhren
500 ml Bier (helles oder dunkles, je nach Bedarf und Geschmack)
2 Thymianzweige
2 Lorbeerblätter
5 Nelken
½ TL Kümmel
8 Pfefferkörner
1 Liebstöckelzweig
2 Knoblauchzehen
3 Petersilienstängel
Meersalz
Öl

Die Knochen in walnussgroße Stücke zerkleinern und in einem großen Schmortopf in heißem Öl unter ständigem Rühren von allen Seiten braun braten.
Das Gemüse grob zerkleinern, die Zwiebeln dabei nicht schälen, zu den Knochen geben und mitrösten. Wenn das Gemüse schön Farbe angenommen hat, zunächst das Bier und schließlich 3 Liter Wasser angießen und aufkochen. Den Schaum abschöpfen, die Hitzezufuhr reduzieren und den Fond bei etwa 80 °C für 1½–2 Stunden leicht köcheln lassen. Jetzt gibt man die Gewürze und Kräuter hinzu und lässt den Fond nochmals 30 Minuten ziehen. Danach durch ein Sieb passieren.

Für eine Wildsauce bzw. einen Wildfond die Schweineknochen durch Wildschwein- oder andere Wildknochen ersetzen.

VELOUTÉ

Helle Grundsauce für Suppen und Saucen

Zutaten für 4 Liter

2 kg Zwiebeln
375 g Butter
200 g Mehl
500 ml Weißwein
100 ml Noilly Prat
4 l Geflügel- oder Gemüsefond 1 (Grundrezept Seite 218)
1 ½ l Sahne
2 Lorbeerblätter
2 Thymianzweige
Saft von 1 Zitrone
Salz, Pfeffer, Muskat

Zwiebeln in feine Streifen schneiden und in Butter glasig dünsten. Das Mehl unterrühren und leicht mitschwitzen, jedoch ohne Farbe anzunehmen. Mit Weißwein und Noilly Prat ablöschen, den Geflügelfond angießen, mit Salz und Pfeffer würzen. Lorbeerblatt und Thymian dazugeben und 40–60 Minuten unter gelegentlichem Rühren sanft köcheln lassen. Nun die Sahne dazugeben, einmal aufkochen lassen, mit dem Stabmixer zu einer feinen Sauce verarbeiten und passieren. Mit Zitronensaft und Gewürzen nachschmecken.

Die Velouté lässt sich mit Pilzen, Kräutern, Meerrettich, Kapern, Paprika, Curry, Hummer, Muscheln verfeinern.

NUDELTEIG

6 Eigelb
1 Ei
2 EL Öl
1 EL Wasser
350 g Nudelgrieß
Salz, Muskat

Eigelb, Eier, Öl, Wasser und Gewürze gut miteinander verrühren und 10 Minuten stehen lassen. Den Nudelgrieß dazugeben und zu einem geschmeidigen Teig verarbeiten. Den Teig in Klarsichtfolie einschlagen und für 30 Minuten kühl stellen. Mit einer Nudelmaschine dünn ausrollen und nach Belieben weiterverarbeiten.

TEMPURATEIG

Für Fleisch, Fisch, Krustentiere, Gemüse und Wildkräuter

1 Eigelb
200 ml Eiswasser (mit Eiswürfeln gekühltes Wasser)
100 g Tempuramehl (Asiamarkt)
1 Msp. Currypulver nach Geschmack

Eigelb und Eiswasser gut miteinander verquirlen, das Tempuramehl einrühren. Wer mag mit wenig Currypulver würzen. Das Lebensmittel, das ausgebacken werden soll, zuerst trocken in Reismehl wenden, danach durch den Teig ziehen und schließlich in heißem Öl ausbacken.

KLARE VINAIGRETTE

Für einfache Blattsalate, zum Marinieren von Wurst- und Fleischsalaten

Zutaten für 200 Milliliter

1 TL Dijonsenf
4 cl milder Weinessig
1 EL Zitronensaft
5 cl stilles Mineralwasser
100 ml Traubenkernöl
Meersalz, Salz, Pfeffer

In einer Schüssel Senf, Gewürze, Essig, Zitronensaft und Wasser miteinander vermischen, danach das Öl hinzugeben und alles zusammen verrühren. Je nach Geschmack mit Salz, Pfeffer und Zucker abschmecken.

Je nach Gericht evtl. Olivenöl, frische Kräuter und fein geschnittene Schalotten dazugeben.

BALSAMICOVINAIGRETTE

Für gegrilltes Gemüse, Tomaten, Artischocken, Fleisch- und Blattsalate

Zutaten für 300 Milliliter

1 EL mittelscharfer Senf
1 Knoblauchzehe
4 cl dunkler Balsamico
2 cl Estragonessig
1 EL Zitronensaft
150 ml Olivenöl
50 ml Traubenkernöl
Meersalz, Pfeffer, Honig

Alle Zutaten in einer Schüssel gut miteinander verrühren, mit Salz, Pfeffer und Honig abschmecken. Man kann auch alles zusammen mit dem Stabmixer mixen, so ist die Vinaigrette leicht gebunden.

GEBUNDENE VINAIGRETTE

Für feine Salate, Gemüse und Pilze

Zutaten für 300 Milliliter

1 TL Dijonsenf
1 cl Himbeeressig
1 cl Sherryessig
4 cl weißer Balsamico
1 EL Zitronensaft
100 ml Traubenkernöl
100 ml Olivenöl
2 cl Haselnussöl
1 cl Walnussöl
2 cl Trüffeljus von Perigord-Trüffeln (nach Geschmack)
Meersalz, Zucker, schwarzer Pfeffer

Alle Zutaten in ein hohes Gefäß geben und mit einem Stabmixer von unten nach oben langsam hochmixen. Oder die Zutaten in einen Mixer geben und alles zusammen geschmeidig mixen. Mit Salz, Zucker und Pfeffer abschmecken. Miteinander vermischen, danach das Öl hinzugeben und alles zusammen verrühren. Je nach Geschmack mit Salz, Pfeffer und Zucker abschmecken.

ASIATISCHE VINAIGRETTE

Für asiatische Gemüsesalate, Nudel- und Blattsalate

Zutaten für 300 Milliliter

200 ml Geflügelfond 1 oder 2 (Grundrezept Seite 218)
2 cl dunkle Sojasauce
1 cl Fischsauce
5 cl Sesamöl
10 g Ingwer
½ Knoblauchzehe
1 Msp. gemahlener Koriander
Salz, Pfeffer, Honig

Alle Zutaten in einer Schüssel gut verrühren, mit Salz, Pfeffer und Honig abschmecken. Man kann auch alles zusammen mixen, so ist die Vinaigrette leicht gebunden.

FARCE (BRÄT)

Für Klößchen, Füllungen, zum Binden und Umwickeln (Crépinetten)

Zutaten für ca. 200 Gramm

120 g schieres Fleisch (auch Geflügel oder Fisch)
80 ml Sahne
Salz, Pfeffer, Cayennepfeffer
je nach Gericht oder Geschmack mit weiteren Gewürzen abschmecken

Das Fleisch in kleine Würfel schneiden, würzen und für 15 Minuten im Froster tiefkühlen. Danach das Fleisch im Mixer grob zerkleinern, schließlich nach und nach die Sahne dazugeben und zu einer geschmeidigen, glänzenden Masse verarbeiten. (Der Glanz zeigt, dass eine gelungene Bindung erfolgt ist.) Jetzt wird die Farce durch ein Sieb gestrichen, um eventuelle kleine Sehnen zu entfernen. Die Farce nun für ca. 20 Minuten auf Eis im Kühlschrank kalt stellen, danach verarbeiten.

HUMMER ZUBEREITEN

Frische, lebende Hummer erkennt man beim Kauf am besten daran, dass sie sich lebhaft bewegen und ihr Schwanz gekrümmt ist. Jedes Tier muss einzeln gekocht werden, damit ein schneller Tod gewährleistet ist.
Der Hummer wird dafür am Rücken festgehalten und im kalten Wasser zunächst gründlich gebürstet. Kopf und Schwanz dann bridieren, sodass der Hummer und der Schwanz gespannt bleiben. Die Gummiringe, mit denen die Scheren zusammengehalten wurden, nun entfernen.
Das Wasser zum Kochen bringen. Damit der Hummer möglichst schnell und schonend getötet wird, wird er mit dem Kopf zuerst in das kochende Wasser gedrückt. Noch einmal kurz wallend aufkochen lassen und dann in 8–10 Minuten gar ziehen lassen (nun nicht mehr kochen). Der Panzer des Hummers verfärbt sich außen rot.
Den Hummer der Länge nach aufschneiden und die Sandbeutel (beige, cremige Masse) entfernen.

CHILI-KORIANDER-DIP

Zutaten für 4 Personen

2 Chilischoten
2 Schalotten
2 EL Sojasauce
50 ml Gelügelfond
1 Bd. frischer Koriander
1 EL Honig
1 EL Reisessig

Die Chilischoten entkernen, die Schalotten würfeln, den Koriander von den Stängeln zupfen, in ein hohes Gefäß geben, die restlichen Zutaten dazugeben und mit dem Stabmixer zu einer geschmeidigen Masse verarbeiten.

SAUCE NORMANDE

Für deftige Fleisch- und Fischgerichte

Zutaten für 4 Personen

3 Schalotten
50 g Butter
250 ml Cidre
150 g Crème fraîche
Saft von 1 Zitrone
Salz, Pfeffer

Schalotten in feine Würfel schneiden und in der Butter farblos anschwitzen. Mit dem Cidre ablöschen und auf ein Drittel reduzieren. Die Crème fraîche hinzugeben, einmal aufkochen lassen, mit Zitronensaft, Salz und Pfeffer abschmecken.

GETROCKNETE KIRSCHTOMATEN

Sämtliche Zutaten nach Geschmack

Kirschtomaten
Puderzucker
Fleur de sel
Orangenabrieb
Zitronenabrieb
Thymian
Rosmarin
Pfeffer
Knoblauch
Lavendel
Orangenblüten
Olivenöl

Die Tomaten zunächst halbieren und in eine Schüssel geben. Danach mit allen Zutaten marinieren und für 30 Minuten ziehen lassen.
Den Backofen auf 90 °C vorheizen. Die Tomaten mit der Fleischseite nach oben auf einem mit Backpapier ausgelegten Blech verteilen und für 3–5 Stunden im Ofen trocknen. Einen Kochlöffel zwischen Ofen und Tür stecken, sodass ein kleiner Spalt bleibt, durch den die feuchte Luft entweichen kann.

Da dieses Verfahren sehr viel Energie kostet, empfehle ich ein Gerät zum Trocknen von Früchten zu kaufen, diese gibt es in gut sortierten Haushaltsgeschäften in verschiedenen Preiskategorien. So können Sie auch Äpfel, Birnen, Aprikosen und verschiedene Gemüse trocknen.

RÖSTGEMÜSE

Für Saucen
100 g Zwiebeln
100 g Karotten
100 g Knollensellerie

Verfeinert für Saucen
50 g Schalotten
50 g Zwiebeln
100 g Karotten
100 g Staudensellerie

Für Braten und Schmorgerichte
50 g Schalotten
50 g Zwiebeln
80 g Karotten
80 g Staudensellerie
80 g Petersilienwurzeln

Das Gemüse in 1–2 Zentimeter große Stücke schneiden und in Butter anrösten.

TROCKENBEIZE

Zum Beizen (auch vor dem Räuchern) von Filets, Bauchspeck, Räucherschinken und Rücken

Sämtliche Zutaten nach Geschmack

grobes Meersalz
Nitritpökelsalz
Wacholder
Lorbeer
Nelken
Pfeffer
Piment
Macis
Thymian
Rosmarin
Ingwer
Senfkörner
Zucker
Tannennadeln

Alle Zutaten vermischen und das Fleisch damit gut einreiben. In einen Behälter geben, luftdicht verschließen und an einem kühlen Ort (Keller) marinieren. Anschließend unter fließendem Wasser gut abwaschen, trocken tupfen und weiterverarbeiten.

Marinierzeit
Im Kühlschrank verlängert sich die Marinierzeit um 3–5 Tage

Filet:	1 Woche
Rücken:	2 Wochen
Backen:	3 Wochen
Bauch:	4 Wochen
Schinken:	6 Wochen

PÖKELLAKE

Für Geflügel- und Fleischprodukte

Zutaten für 2 Liter

Grundlake

140 g Nitritpökelsalz (aus dem Fleischfachgeschäft)
20 g brauner Zucker
1 TL Senfkörner
1 Thymianzweig
1 Knoblauchzehe
1 Lorbeerblatt
5 Wacholderbeeren
8 Pfefferkörner
3 Petersilienstängel

Je nach Geschmack und Küchenrichtung lässt sich die Lake mit Gewürzen und Kräutern verfeinern.

Asiatische Lake

10 geröstete Korianderkörner
2 Korianderstängel
2 Limettenblätter
1 Zitronengrasstange
1–3 Chilischoten

Mediterrane Lake

1 Rosmarinzweig
3 Basilikumstängel
Schale von 1 Zitrone
½ TL Fenchelsamen

Alle Zutaten mit 2 Litern Wasser auf 80 °C erhitzen, auskühlen lassen und passieren. Die Lake komplett auskühlen lassen. Die Produkte darin einlegen und kühl gestellt ziehen lassen.

Pökelzeit

Filet:	3 Tage
Zunge:	3 Tage
Rücken:	5 Tage

Die Laken nur einmal benutzen! Zum einen verfliegen die Aromen, zum anderen können Fleischsäfte und Schmutzteilchen die Qualität mindern.

RÄUCHERN

Auf diese Weise lassen sich nur Kleinigkeiten wie Bratwürste, Fisch, Portionsfilets, Gemüse etc. räuchern. Um Schinken, ganze Fische oder große Würste zu räuchern, reicht diese Variante nicht.

Räuchermehl (nur aus Buche, Birke oder Erle)
Tannennadeln
Tannenzapfen
getrocknete Kräuter und Gewürze nach Geschmack (Rosmarin, Thymian, Lorbeer, Wacholder, Grüner Tee, Lavendel, Minze, Fenchelkraut etc.)

Gitter, Alufolie, Öl
alte Pfanne oder Pizzablech als Räucherform
Bunsenbrenner (Lötlampe)

Das Gitter zunächst mit Alufolie abdecken und mit einer Fleischgabel viele Löcher einstechen. Danach leicht ölen. Das Räuchergut auf das Gitter legen und mit einer anderen Folie so abdecken, dass ein hoher Hohlraum über dem Räuchergut entsteht. In der Räucherform das gemischte Räuchermehl zu einem kleinen Hügel aufschütten und mit dem Bunsenbrenner von unten anzünden. Auf den Herd stellen (ein Gasherd eignet sich dazu besonders gut) und die Räucherform erhitzen. Wenn das Räuchermehl schön glimmt, das Gitter daraufstellen und die Hitze auf dem Herd ausschalten. Sollte die Glut ausgehen, den Vorgang wiederholen.

Perfekt ist, wenn das Gitter auf der Pfanne optimal abschließt, ansonsten mit einem feuchten Tuch rundherum gut abdichten

Räucherzeit

Bratkartoffeln (nach dem Braten):	4 Minuten
Lachsstücke je 60 Gramm:	etwa 5 Minuten
Rohe Bratwurst (vor dem Braten):	7 Minuten
Doradenfilet (vor dem Braten):	8 Minuten
Makrelenfilet:	10 Minuten
Gegrilltes Gemüse (nach dem Braten):	10 Minuten
Schweinebacken (gekocht):	12 Minuten

KÜCHENLEXIKON

KÜCHENLEXIKON

ABLÖSCHEN
Bratensatz, Mehlschwitze oder Karamell mithilfe von Wein, Fond oder Wasser mit kleinen Schlucken lösen

ABSCHRECKEN
durch kaltes oder Eiswasser den Kochprozess schnell unterbrechen, so wird z. B. die Farbe bei Gemüse sehr gut erhalten

ANBRATEN
eine vorbereitende Funktion, um Röstaromen zu gewinnen, meist wird dann mit einem anderen Verfahren fortgefahren

ANSCHWITZEN
Produkt bei geringer Hitze in Fett erhitzen oder fertig garen, ohne Farbe und ohne Röstaromen anzunehmen

AUSLÖSEN
mithilfe eines scharfen Messers Knochen aus dem rohen Fleisch lösen

AUSSTECHEN
Fleisch- oder Geflügelstücke aus dem Garfond herausnehmen, um die Sauce fertigzustellen

BACKEN
bei Temperaturen von 100–300 °C werden Produkte trocken im geschlossenen (Back-)Ofen gegart

BANYULS
ein französischer Süßwein aus der Stadt Banyuls sur Mer/Languedoc Roussillon, der mindestens 10 Monate im Eichenfass gereift wird

BINDEN
durch Einrühren von Mehlbutter, Stärke, Butter oder Öl werden Flüssigkeiten wie Suppen, Saucen etc. sämig gemacht

BLANCHIEREN
Gemüse, Früchte etc. kurz in kochendes Wasser geben, danach anschließend meist ☛ abschrecken, Blattgemüse und Kräuter sind nach dem Blanchieren gar und können gleich weiterverarbeitet werden

BRATEN
garen durch hohe Hitze mit Fett (ohne andere Flüssigkeiten), Reaktion von Eiweiß und Zucker an der Oberfläche des Bratgutes sorgt für Farbe und typische Aromen

BRIDIEREN
Produkte wie Hummer, Geflügel, Fleisch etc. durch Küchengarn oder -nadeln in Form bringen

BRUNOISE
Gemüse etc. in sehr feine, kleine Würfel geschnitten

BRÄT
Masse aus Fleisch, Gewürzen und Fett unter Zugabe von Eis zerkleinern (damit die Masse nicht durch Reibungswärme gart)

BOUDIN NOIR
französische Blutwurst, sehr gut zum Braten geeignet

CALAMARETTI
sehr kleine ☛ Kalmare, eignen sich sehr gut zum Kurzbraten

CRÉPINETTE
französisch: Netzwürstchen; Fleischmedaillons etc. werden mit Farce, Pilzen etc. umhüllt und mit Schweinenetz umwickelt, durch das Braten zieht sich das Netz zusammen und hält die Masse am Lebensmittel

DÜNSTEN
Fisch, Geflügel, Fleisch oder Gemüse werden ohne Fettzusatz in geschlossenem Kochgeschirr gegart, je nach Bedarf mit Fond, Wein, Saft oder Wasser

EINBRENNEN
Mehlschwitze aus Butter und Mehl, je nach Anröstdauer hell oder dunkel, wichtig: immer heiße Mehlschwitze mit kaltem Fond aufgießen oder kalte Mehlschwitze mit heißem Fond aufgießen, da es sonst Klumpen gibt

EINKOCHEN
1. Lebensmittel in verschlossenen Gläsern durch Erhitzen auf 94–100 °C ohne Aromaverlust haltbar machen (konservieren)
2. ☛ reduzieren

EINLEGEN
Fleisch, Fisch, Gemüse etc. in Salzlake, würzigen Sud, Öl oder Fett einlegen, um sie haltbar, würzig oder mürbe zu machen

FARCE
Masse aus Fleisch, Geflügel, Gemüse, Pilzen, Fisch, Gänseleber etc. und Sahne, Gewürzen; zum Füllen von Fleisch, Geflügel, Terrinen, Teigwaren oder als Suppeneinlage

FLOMEN
Nierenfett des Schweins; wird zur Herstellung von Schmalz verwendet

FRITTIEREN
Lebensmittel in heißem Fett (140–180 °C) schwimmend backen

GELEE,
Sülze Fonds oder Flüssigkeiten mit hohem Anteil an tierischem Eiweiß (Kollagen) gelieren nach dem Erhitzen ohne Zugabe von Gelatine oder Agar-Agar

GLACIEREN
Fleisch oder Gemüse beim Garen mit dem eigenen Saft überziehen

GLASIEREN
Obst oder Süßspeisen mit Zucker, Honig oder Schokolade überziehen

GRATINIEREN
überbacken von Lebensmitteln bei Oberhitze

GRIEBEN
Bindegewebe im Flomen (Nierenfett), wird durch Erhitzen knusprig

GRILLEN
Lebensmittel durch direkte Wärmezuführung garen, etwa 350 °C heißes Holz, Kohle, Lavasteine oder Feuer

GRÜNER SPECK
Rückenspeck vom Schwein, schimmert im frisch geschlachteten Zustand grün, wird zur Herstellung von ☛ Lardo verwendet

JULIENNE
Gemüse, Pilze, Schinken etc. in sehr feine Streifen geschnitten

KARAMELLISIEREN
rösten unter Zugabe von Honig oder Zucker, zur Aromenbildung und für glänzenden Überzug

KARKASSEN
Gerippe von Geflügel, Fisch oder Schalen von Krustentieren

KALMAR
gehört zur Familie der Tintenfische

LARDO
italienische Verarbeitung; Rückenspeck wird mit Meersalz und Kräutern mehrere Monate in Marmortruhen gelagert

MARINIEREN
Lebensmittel (Fleisch, Geflügel und Fisch) in Mischung aus Wein, Essig, Salz, Zucker und Gewürzen etc. einlegen, zum Würzen, Mürbe-, Haltbarmachen, je nach Größe dauert der Vorgang ein paar Stunden bis zu einigen Wochen

MEHLIEREN
Lebensmittel mit Mehl bestäuben

MIE DE PAIN
französische Bezeichnung von Semmelbrösel, meist vom Weißbrot ohne Rinde

MIREPOIX
Röstgemüse, je nach Saucen werden Möhren, Staudensellerie, Knollensellerie, Schalotten und Zwiebeln in walnussgroße Stücke geschnitten und in Fett angeschmort (Grundrezept Seite 222)

NOILLY PRAT
Wermut auf Basis zweier französischer Weine, mit Kräutern und Gewürzen aromatisiert

PARISIENNEAUSSTECHER
Küchengerät zum kugelförmigen Ausstechen von Obst oder Gemüse

PASSIEREN
Trübteile und feinste Bestandteile herausfiltern, um saubere und glatte Saucen, Suppen etc. zu bekommen, auch zum Sämig machen Saucen je nach gewünschtem Ergebnis durch einen groben Durchschlag, ein Spitzsieb oder ein feines Leinentuch laufen lassen; klare Suppen durch einen großen Kaffeefilter laufen lassen

PFEFFER, SCHWEINEPFEFFER, WILDPFEFFER
mit Schweineblut abgebundenes Ragout

POCHIEREN
bei einer Temperatur von Wasser oder Fonds zwischen 79–94 °C (unter dem Siedepunkt) garen

PÖKELN
Konservieren von Fleisch mit Meersalz, Nitritpökelsalz etc.

TROCKENPÖKELN
meist bei der Schinkenherstellung angewandt, Fleisch ohne Zusatz von Flüssigkeit mit Meersalz und Gewürzen einreiben, 2–6 Wochen lagern

NASSPÖKELN
Fleisch wird in eine Pökellake (Meersalz, Salpeter) bis zu 4 Wochen gelegt

ADERPÖKELN
heute kaum noch praktiziert, Lake wird an der Hauptschlagader injiziert, so läuft sie durch den ganzen Schinken, Pökelzeit kann auf 1 Woche reduziert werden

VAKUUMPÖKELN
Fleischstücke werden trockengepökelt und vakuumiert, so liegt das Fleisch im eigenen Saft und die Pökelzeit wird reduziert

POT AU FEU
französisch: Topf auf dem Feuer; Eintopf von mageren oder fetten Fleischstücken, mit viel Gemüse, wird in drei Gängen serviert: zuerst das abgeschöpfte Fett mit Croutons und Käseflocken, dann das Mark auf Toast mit der klaren Bouillon und Kräutern, zum Schluss das Fleisch mit dem Gemüse und separat gekochten Kartoffeln

PÜRIEREN
Gemüse, Kartoffeln oder Kräuter zu einer feinen, homogenen Masse (Püree) verarbeiten

RÄUCHERN
dient der Konservierung und zur Geschmacks- und Farbbildung, es werden drei Räucherarten unterschieden:

KALTRÄUCHERN
zwischen 10–30 °C, Räucherraum meist 2 Stockwerke hoch, damit der Rauch abgekühlt auf die Lebensmittel trifft (Schwarzwälderschinken, Bauchspeck)

WARMRÄUCHERN
zwischen 55–65 °C (verschiedene Hausmacher Wurstarten, Forellen, Aal)

HEISSRÄUCHERN
zwischen 74–100 °C (verschieden Wurstsorten, Kasseler, Hals)

REDUZIEREN
verdampfen des in Fonds, Flüssigkeiten und Saucen enthaltenen Wassers, um Geschmack und Farbe zu intensivieren, oder zum Binden von Flüssigkeiten

RILLETTE
Spezialität aus Frankreich, Fleisch, Geflügel, Fisch in (eigenem) Fett gegart, aromatisiert durch Wein, Marmeladen und verschiedene Gewürze

RÖSTEN
Lebensmittel ohne Fett oder Öl bei einer Temperatur von 250–300 °C bräunen (Knochen, Nüsse, Brot, Gemüse), zur Entwicklung von Aromastoffen

RÖSTGEMÜSE (SCHMORGEMÜSE)
☛ Mirepoix

SAUTIEREN
meist klein geschnittenes Fleisch, Gemüse etc. bei starker Hitze in Butter, Fett, Öl und unter ständigem Schwenken garen oder zu Ende garen

SCHMOREN
meist Fleischstücke mit hohem Bindegewebe, (Schulterstücke, Wade, Ochsenschwanz, Backen etc.) werden angebraten und mit ☛ Mirepoix und Flüssigkeiten (Fond, Wein, Wasser) bei maximal 95 °C im Backofen gegart

SCHWARTENMAGEN
(Presssack) Sülzwurst aus gewürfeltem Schweinefleisch, meist auch Kopffleisch (sehr kollagenhaltig), Spezialität aus Süddeutschland, roter Schwartenmagen wird mit Schweineblut zubereitet

SCHWARZWURST
Blutwurst mit Speckwürfeln, gekocht und geräuchert, auch getrocknet

TÊTE ROLLE
(Schweinskopfwurst) französische Wurst

TOPFEN
österreichisch: Quark; jedoch viel trockener, wird in Rezepten Quark statt Topfen genommen, muss der Quark ausgedrückt und abgetropft werden (100 Gramm Topfen sind fast 200 Gramm Quark)

ZESTEN
mit einem speziellen Zestenreißer wird von Zitrusfrüchten die Schale gelöst

ZUR ROSE ABZIEHEN
eine Masse unter ständigem Rühren so lange auf dem Wasserbad schlagen, bis sie bindet

REGISTER

Klassiker

Desserts

EINKAUF
QUALITÄTSCHECKLISTE

- Das Fleisch sollte fest sein und eine frische, schöne Farbe haben (hellrot bis rot), das Fett sollte fest und kernig sein.
- Der Anschnitt sollte trocken sein. Fleisch, das im eigenen Saft liegt, hat keine gute Qualität – es hat ein schlechtes Safthaltevermögen.
- Besonders zart und saftig ist es, wenn es schön marmoriert ist, also von feinen Fettäderchen durchzogen ist.
- Beim Einkauf lässt sich meistens nicht erkennen, wie lange das Fleisch abgehangen ist, erkundigen Sie sich also beim Fachverkäufer: Das Fleisch sollte im frischen Zustand nicht älter als 7 Tage, Wildfleisch nicht älter als 14 Tage sein.
- Sie sollten nie fertig vorgeschnittene Steaks, Schnitzel oder Rouladen kaufen. Die Oberfläche dieser Fleischstücke ist stark vergrößert, das Fleisch trocknet so viel schneller aus.
- Lassen Sie sich Ihre Steaks also erst beim Einkauf vom Metzger schneiden oder schneiden Sie das Fleisch zu Hause selbst zu.
- Die Qualität von Schweinefleisch wird nicht nur durch tierspezifische, sondern auch durch äußere Faktoren beeinflusst. Stress beim Transport und vor der Schlachtung spielt etwa eine große Rolle. Sie sollten also darauf verzichten, Fleisch im Supermarkt zu kaufen, denn meist stammt dieses aus Großmastanlagen. Neben den geschmacklichen und qualitativen Einbußen dieses Fleisches sollte sich uns zudem das Wissen um die nicht artgerechte Haltung der Tiere in diesen Mastanlagen ins Gewissen brennen.

Finden Sie also einen Metzger Ihres Vertrauens und löchern Sie ihn mit Ihren Fragen:

- Das Fleisch welcher Schweinerassen wird zum Verkauf angeboten?
- Wie werden die Tiere gezüchtet?
- Was wird gefüttert?
- Wie alt werden die Tiere?
- Wie viel Auslauf haben die Tiere?
- Wie viel Platz haben die Tiere?
- Wie ist die Bodenbeschaffenheit (Stroh, Gitter)?

Kann der Metzger diese Fragen zu Ihrer Zufriedenheit beantworten? Dann steht einem Einkauf nichts mehr im Wege!

ADRESSEN
UND BEZUGSQUELLEN

Bezugsquellen

Angler Sattelschwein: http://www.biohof-spannbrueck.de/; http://www.ringstedtenhof.de/fleischerei.php; http://www.angler-sattelschweine.de/ (Adressen von Züchtern)

Buntes Bentheimer: http://www.naturlandhof-büning.de/Bentheimer-Shop/; http://www.fritzkrueger.de

Deutsche Landrasse http://www.ringstedtenhof.de/fleischerei.php

Havelländer Apfelschwein: http://www.havelland-express.de/index.php?id=427

Schwäbisch-Hällisches Landschwein: http://www.besh.de/

Wildschwein: http://www.genusshandwerker.de/fleisch/wild/wildschweinkeule.html; https://www.bosfood.de

Mangalitza: http://www.dorfmetzgerei-walter.de/; http://www.wollschwein-schinken.de/; https://www.bosfood.de

Berkshire: http://www.niggemann-food-frischemarkt.de/food_frischemarkt/fleisch/BerkshireSchwein.php

Duroc: http://www.ederhof.com/index.php?cat=01_Tiere&page=01_Duroc-Schwein

Cinta Senese: http://www.agriturismofoglie.com/de/azienda_agricola.php

Porc Noir de Bigorre: http://www.otto-gourmet.de/bigorre-schwein.html; http://www.genusshandwerker.de/fleisch/schwein/noir-de-bigorre/

Iberisches Schwein: http://www.otto-gourmet.de; https://www.bosfood.de

Züchter- und Schlachter-Verzeichnis

http://vieh-ev.de/index.php?section=Mabfrage

Schweineleasing

http://www.schweineleasing.de/adressen.html

Därme

http://www.schinner-naturdarm.de/
http://www.evenord.de
http://www.hausschlachtebedarf.de/

Ökotest

http://www.oekotest.de/cgi/index.cgi?action=prod;artnr=65912;bernr=04;co=;suche=Schweinefleisch

Zutaten

Kaviar
http://www.imperialcaviar.de/; https://www.bosfood.de

Rosengelee
https://www.bosfood.de; http://www.konfitueren-fein.de
http://www.rosengebaeck.de/gebaeck.htm;
http://www.cafeparis.net/

DANKSAGUNG – WOLFGANG MÜLLER
ES IST EIN BUCH!

Für all die lieben Schweinchen, die in die Wurst wandern: Danke!

Und außerdem geht mein Dank geht an:

Werner Weisshaar †, den Metzgerlehrmeister
Albert Fink, den Küchenlehrmeister
Ludwig Bechter, den Freund und Mentor
Florian Bolk, den Fotograf
Jason Kassab-Bachi, den vegetarischen Grafiker
Peter Wagner, das textende Kochmonster
Wally, Susan und Matthias, Jörg und Manuel, Guido, Jürgen und Manuela, die „schweinischen" Freunde
Dieter Müller und Henning, die Vorwortlieferanten meines Vertrauens
Janine und Ilka, die unheimlich süßen Umschaulerinnen
Ralf Bos, den Trüffeldealer, und Reza Koroji, den Kaviardealer
Stefan Friedel, den Küchenchef vom White Trash
Gabi Rang, die Mama von „Sancho" und „Pancho"
Ralf Zacherl, den Freund und Helfer
Peter de Vries, den Apfelschweinemann
Sven, den Metzger
Torsten Lehmann, den den besten Souschef der Welt

Helen Mol, die Freundin: für ihre Unterstützung!

Und ganz besonders an meine Mutter Brigitte, denn statt heimlich den Spinat auszuspucken, stand ich bei ihr in der Küche und wollte mehr – sie hat mir gezeigt, was kochen bedeutet.

DANKSAGUNG – FLORIAN BOLK
SUPER TEAMARBEIT!

Für ihre Unterstützung danke ich:
Dr. Doris Bolk-Weischedel, Dunia Najjar und Hassan Meguid vom Restaurant Jules Verne, Birgit Heinrich und Nicola Lepp für die freundliche Leihgabe von Accessoires, Andrè Wagenzik für die fachliche Beratung bei der fotografischen Umsetzung des Buches
Christian Gourmet für die Entsendung französischer Spezialitäten
Und: Danke ans ganze Team!

IMPRESSUM

Idee und Konzept: Le-Schicken-Redaktion, www.le-schicken.de

Rezepte: Wolfgang Müller, Berlin

Texte: Peter Wagner/kochtext

Fotos: Florian Bolk, Berlin;
Außer auf Seite 4 Hendrik Gergen, ki-ke.de; Seite 5 Christian Schneider, Mindelheim; Seite 14 u. 15 fish in heaven, Stefan Abtmeyer, Berlin; Seite 16 Elisabeth Roesicke, Fotonatur; Seite 18 Mitteldeutscher Schweinezuchtverband e.V. (MSZV); Seite 19 Achim Köpf, fotolia.com; Seite 24 Sabine Allmenröder, Roßbacher Hof, Erbach; Seite 25, 27 aid infodienst; Seite 26 Ederhof, Familie Raupach, Haag; Seite 28 Peter Naguschewski, München; Seite 29 Cosima Wolter, Saubion/Frankreich; Seite 34 oben links und Mitte rechts sasha, fotolia.com; Seite 34 unten links Anatolii, fotolia.com

Gestaltung, Satz und Lithografie: Jason Kassab-Bachi, Berlin

Lektorat: Ilka Grunenberg, Neustadt an der Weinstraße

Herstellung: Janine Becker, Neustadt an der Weinstraße

Druck: Nino Druck GmbH, Neustadt an der Weinstraße

Printed in Germany

ISBN: 978-3-86528-706-9

Die Ratschläge in diesem Buch sind von den Autoren und dem Verlag sorgfältig erwogen und geprüft, dennoch kann eine Garantie nicht übernommen werden. Eine Haftung der Autoren und des Verlags für Personen-, Sach- und Vermögensschäden ist ausgeschlossen.

Soweit nicht anders angegeben wird in den Rezepten frisch gemahlener schwarzer Pfeffer verwendet.